그래도 살면 돼

그래도
살면 돼

여니 지음

좋은땅

프롤로그
─ 그럴 수 있다면, 그럴 수만 있다면

'20살까지만 살고 싶어요.'
학창 시절 저의 가장 큰 꿈이었습니다.
그 꿈을 이루지 못하고 술독에 빠져 살던 어느 날, 대학 친구들을 통해 교회에 가게 되었습니다.
내내 의지할 곳 하나 없는 외로웠던 삶이었습니다.
그런데 하나님을 알게 되니 살 것만 같았습니다.
좋은 일만 가득할 것 같았습니다.

그런데 교회를 아무리 다녀도, 하나님을 아무리 잘 믿으려고 노력해도 삶이 나아지지 않았습니다. 매일 폭풍 속에 있는 것 같았습니다.
그래도 꿋꿋이 살아 냈습니다. 살 수밖에 없었습니다.
폭풍 속에도, 어두컴컴한 동굴 속에도, 깊은 바닷속에도 하나님이 함께 계셨기 때문입니다. 어떤 상황 속에도 나를 홀로 두지 않으셨음을 알게 되었습니다.

이 책은 지극히 개인적인 저의 삶을 적어 내었습니다.
웃고 울며 살아온 제 삶의 이야기들이 이 글을 읽는 당신께 위로와 웃음을 줄 수 있으면 좋겠습니다.

또한 누군가 저처럼 힘들고 외로운 인생길을 걸어가는 것처럼 느껴진다면 제가 만난 하나님, 저와 함께하셨던 하나님을 당신도 만나기를 소망합니다.
그럴 수만 있다면 그 어떤 삶도 살아 낼 수 있을 테니까요.

2025년
여니

차례

프롤로그 — 그럴 수 있다면, 그럴 수만 있다면   004

인생 제1막 — 그냥 살면 돼   011

무남독녀   012
아끼지 말자 그게 무엇이든   014
그걸 네가 왜 걸려   016
왜 하필 저예요?   018
지금이어서 다행이다   021
지나 봐야 아는 것   023
나의 마지막 순간   025
지금 모습 그대로   027
건강염려증   029
안아줘   031
기다림   033
나를 싫어하는 사람   035
앞으로도 쭉   038

오늘은 오늘로 족하다	040
그때도 지금도 같은 나	042
내 주머니의 하얀 돌	045
사랑을 채워야 할 때	048
자식의 숙제	051
그냥 살면 돼	054
내 삶도	056

인생 제2막 — 원수는 항상 가장 가까운 곳에   059

재혼은 없는 걸로	060
가는 말이 곱도록	062
부자가 아니어도	064
나이 들수록	066
꽃이 뭐길래	068
내가 먼저	070
반전	073

Well dying　　　　　　　　　　　　　　075
너나 잘하세요　　　　　　　　　　　077
해맑은 당신　　　　　　　　　　　　079
위로 말고　　　　　　　　　　　　　081
눈눈이이　　　　　　　　　　　　　083
왜 말을 못하니　　　　　　　　　　085
가족사진　　　　　　　　　　　　　088
남편의 권위　　　　　　　　　　　　090
지금은 그대의 때　　　　　　　　　093
나를 위해서　　　　　　　　　　　　095
나는 나, 너는 너　　　　　　　　　098
사랑에서 우정으로　　　　　　　　　101
20주년 선물　　　　　　　　　　　104

인생 제3막 — 언제나 사랑만 주고 싶어　　109

유전자의 힘　　　　　　　　　　　　110
상처　　　　　　　　　　　　　　　112
너는 좋겠다　　　　　　　　　　　　115
엄마가 없어서　　　　　　　　　　　117
속으로 말해요　　　　　　　　　　　119

너희가 있어서 다행이야	122
다 때가 있구나	124
나의 뒷모습	126
사춘기	128
너와 함께라면	130
아직은 함께	132
나는 봄, 너는?	134
역지사지	137
집에서도	139
엄마가 받아 줄게	142
결과보단 과정	144
꽃을 보듯	147
후회 없는 사랑	149

인생 제4막 — 내 주님과 함께　　　151

22년 만의 축제	152
친아빠, 새아빠	155
어떤 모습	158
지독한 사랑	161
너는 살아야지	164

끝없는 도전	167
예수쟁이	170
그리 아니하실지라도	172
Shall We 찬양?	175
사랑하면	177
철벽 치기	180
순종	182
청년의 때	185
엄마, 교회 갑시다	187
내 능력이 아닌	190
고난주간을 대하는 자세	193
끼리끼리 유유상종	196
사랑의 한계	198
고난이 유익	200
누군가는 널 위해 기도해	203
하나님의 마음	205
교사여 영원하여라	207
신앙의 여정	209
에필로그 — 전하지 못한 말	213

인생 제1막

그냥 살면 돼

무남독녀

"아들은 없고 오직 딸만 하나 있음. 매우 귀한 자손을 가리키는 말."
무남독녀에 대해 지식백과 사전에 나온 말이다.
'외동딸'이라고도 한다.
맏이나 막내를 생각하면 연상되는 이미지가 있듯이 외동딸이라고 하면 왠지 온실 속의 화초가 떠오른다.
그리고 보통은 부모님의 사랑을 듬뿍 받으며 자란다.

나는…
무남독녀다.
내가 외동딸이라고 하면 사람들은 다 놀란다.
다들 오빠가 몇 있거나, 형제자매가 많은 줄 알았다고 한다.
외동딸 같지 않다는 말에 성격 좋다는 의미로 받아들이고 웃어야 하나, 아니면 부모의 부재 속에 밖에서 골목대장 하며 살았던 내 어린 시절을 떠올리며 울어야 하나.

어쨌든
온실 속의 화초가 아닌 굴러다니는 돌처럼 자란 나도
무남독녀 외동딸이다.

아끼지 말자 그게 무엇이든

누구나 그렇겠지만, 사는 게 쉽지는 않았다.
삶의 순간순간 최선을 다했다.
그냥… 대충 살 걸 그랬나.

2020년 4월 목욕을 하다 왼쪽 가슴에 큰 멍울이 있다는 걸 알았다. 대수롭지 않게 생각했는데 누워도 없어지지 않았다.
검사라도 해 보자 하고 한 시간 거리에 있는 유방 외과를 찾아갔다. 크지도 않은 병원에 왜 그리 환자가 많은지 세 시간을 기다렸다.
진료를 보는데 의사도 뭔지 잘 모르겠다며 조직검사를 해 보자 한다.
염증일 수 있으니 결과가 나올 때까지 약을 먹어 보자길래 약을 타서 집으로 돌아왔다.
남편도 나도 괜찮겠거니 하며 넘어가려 하고 있을 때 병원에서 의사에게 직접 전화가 왔다.
검사 결과가 좋지 않으니 보호자와 함께 내원해 달란다.

'암'이라고….

내가 가장 자신 있는 게 가슴이었다.
키도 작고 예쁘지 않은 얼굴에 비해 크고 예쁜 내 가슴은 혼자 뿌듯해할 만했다.
그런데 유방암이라니….
그것도 크기가 8cm 이상이란다.
한쪽 가슴을 다 도려내야 된단다.
이럴 줄 알았으면 젊었을 때 예쁜 옷 많이 입고 다닐 걸 그랬다. 뭐 한다고 다 가리고 다녔을까.
예쁜 가슴 부각하는 옷들이 널리고 널렸는데.

아끼다 똥 됐다.
아끼지 말자. 그게 무엇이든.
살면서 내가 자신 있고, 자랑하고 싶은 게 있다면 혼자만 흡족해하지 말고 세상에 널리 알리며 살자.

2020년 전례 없는 전염병 코로나로 온 국민이 두려움에 빠져 있던 그때, 난 39살의 유방암 환자가 되었다.

그걸 네가 왜 걸려

엄마와 나는 사이가 좋지 않다.

어릴 적 같이 산 기간도 짧을뿐더러 그 기간조차 엄마는 일하느라 항상 집에 없었다.

결혼 후 남편의 이직으로 30년 동안 살던 고향을 떠나게 되었다. 이름조차 생소한 낯선 시골이었다.

아는 사람 하나 없는 그곳에서 8년을 살았지만, 엄마는 한 번도 우리 집에 오지 않았다.

두 아이를 낳고 키우는 그 시간은 외롭고 힘들었다.

하지만 엄마는 아무것도 알지 못했다.

자신은 아이를 키워 본 경험이 없으니 육아가 얼마나 힘든지 이해하지 못했다. 엄마의 인생을 사는 게 너무 바빠 내가 어디서 어떻게 사는지 궁금하지 않았던 것 같다.

유방암이란 진단을 받고 엄마에게 전화를 걸었다.
"엄마, 이번 어버이날은 못 갈 것 같아."
퉁명스럽게 왜 못 오느냐고 묻는 엄마에게 유방암에 걸려 수술을 받아야 할 것 같다고 말을 했다.
엄마가 버럭 화를 내며 말한다.
"그걸 네가 왜 걸려!! 걸리려면 내가 걸려야지, 그걸 네가 왜 걸려!!"
그러게, 엄마.
나도 내가 왜 걸렸는지 모르겠네.

이혼한 아빠와 큰이모가 폐암으로 돌아가신 지 얼마 안 됐었다. 자식이라고는 나밖에 없는데 나까지 유방암에 걸렸다니 엄마에게 적잖은 충격으로 다가온 것 같다.
왠지 엄마가 나에게 친절해지는 것 같다.

왜 하필 저예요?

유방암이란 진단을 받고 나서 처음엔 아무 생각도 없다 갑자기 미친 듯이 억울한 생각이 들었다.
'왜 하필 나일까?'
내가 뭘 그리 잘못 살았다고 왜 나에게 이런 일이 일어났나 싶었다.

부모의 이혼과 무관심 속에 질풍노도의 사춘기 시절을 홀로 견뎠다. 혹여 누군가에게 미움받는 게 두려워 평생을 다른 사람 눈치 보며 살았다.
내가 피해를 받고 손해를 볼지언정 다른 이에게 피해 주는 걸 죽기보다 싫어했고, 어디 가서 부당한 대우를 당해도 참았다.
'적당히'가 안돼 직장에서는 농땡이 한번 피우지 못해 소처럼 일했고, 시댁에선 사랑받지 못한 며느리였다.
남편이 바쁘단 핑계로 육아와 살림에 관심 없어 외딴 시골에서 8년 동안 혼자 아이를 키웠다. 매일 밤낮 울어 대는 아이 때문에 산후우울증이 심하게 왔지만, 그런데도 살림은 대충이 안돼 몸은 항상 쉴 틈이 없었다.
그런데 그렇게 살아온 내 삶의 결과가 암이라고 생각하니 억울해 죽을 것만 같았다.

새벽에 교회에 나가 하나님께 따지며 대성통곡을 했다.
누구나 부러워할 만큼 엄청나게 행복한 삶은 아니더라도 남들처럼 그저 평범하게는 살게끔 해 주시지 나는 왜 이렇게 항상 힘든 삶을 살아야 하냐고 물었다.
왜 나만 미워하냐고, 내가 도대체 뭘 그렇게 잘못했냐고, 나처럼 열심히 산 사람이 어딨다고, 나도 좀 잘 살면 안 되냐고 울었다.

그렇게 며칠을 내내 울었다.
그러다 문뜩 나이면 안 될 이유도 없다는 걸 깨달았다.
암에 걸려야 되는 사람이 어디 있고 암에 걸리면 안 되는 사람이 어디 있겠나 싶었다. 또 누군들 자신의 삶에 최선을 다하지 않으며 사는 사람이 어디 있겠는가.
그렇게 생각하니 내게 일어난 일들을 받아들이게 된다.

살면서 내가 이해하지 못하는 일들은 항상 있었고, 그러면서도 지금까지 나는 나름대로 잘 살아왔다. 그저 이제는 멍청하리만큼 답답하게 살았던 내 삶의 방식을 바꿔야겠다는 생각이 들었다.
모든 것이 완벽해야 한다는 강박관념을 내려놓고, 너무 착한 사람으로
만 살려 더는 전전긍긍하지 말아야겠다고.

그렇게 마음을 다잡고 나니 내가 보였다.
여태껏 그랬던 것처럼 어떤 일에도 잘 버티고
잘 이겨 낼 내가.

지금이어서 다행이다

유방암 진단을 받고 수술을 어디서 해야 하나 정말 많이 고민했었다. '암'이라는 단어 자체가 가지고 있는 무거움은 큰 두려움을 만들게 했고 그 두려움은 수술은 꼭 서울에서 가장 잘하는 의사에게 받고 싶다는 간절한 바람을 가지게 했다.

하지만 코로나 시기에 원하는 병원을 찾기란 하늘의 별 따기였다. 서울에 있는 병원은 대부분 2달을 넘게 기다려야 진료를 받을 수 있고 진료를 보고 수술까지 또 한참을 기다려야 했다. 기다리는 것보다 더 문제가 되는 것은 내가 사는 시골은 서울을 바로 갈 수 있는 교통편이 없어 가는 데만 5시간이 걸렸다.
가장 중요한 것은 두 아이를 맡길 형편이 되지 않았었다. 수술조차도 내가 원하는 곳에서 할 수 없는 현실에 화가 났었다. 아이들이 다 커서 엄마 손이 필요 없을 때 생기지 왜 하필 지금 암에 걸려서 마음 놓고 치료도 못 받게 만드는지 싶었다.

선택의 여지가 없어 진단받은 작은 병원에서 수술했다.
방사선 치료를 해야 하는데 수술한 병원은 방사선 치료를 할 수 없다 했다. 어쩔 수 없이 다른 병원에서 해야만 했었다. 방사선 치료를 받기 위해 집에서 74km 떨어진 병원을 왕복 2시간 40분을 혼자 운전해서 갔었다.
고작 방사선 치료 5분을 받으려고 그 길을 30번을 가야만 했었다. 지금 생각해도 그걸 어떻게 했나 모르겠다.

치료를 받기 위해 기다리면서 오가는 많은 환자를 보게 되었다. 환자 대부분이 혼자 운전하기 힘드신 어르신들이어서 자녀들이 모시고 왔다. 5분의 치료를 위해 적게는 20번에서 30번을 자녀들이 부모님을 모시고 다녀야 하는 것이다.
그 모습을 계속 보고 있자니 문득 지금이어서 참 다행이라는 생각이 들었다.

아이들이 어려 암이라는 병이 어떤 것인지 알지 못하니 자식에게 걱정거리가 되지 않고, 다른 사람의 도움 없이 혼자서 치료를 받으러 다닐 수 있는 지금이어서 말이다.

지나 봐야 아는 것

중학교 2학년 때 여러 가지 문제들로 힘들어하던 내게 누군가 교회에 가 보지 않겠냐고 해서 다니게 되었다. 불교 집안에서 제사 지내면서 살아 교회가 어떤 곳인지 알지도 모른 채 그냥 가게 되었다.
그렇게 3년을 다녔다. 열심히 다녔다.
그저 마음 붙일 곳, 의지할 곳이 필요했었다.

고등학교 진학 후 친구들과 모여 교회 얘기를 하는데 갑자기 친구들이 내 얘기를 듣고는 이상한 교회에 다닌다면서 몰려들었다. 나를 에워싼 친구들이 내가 다니는 교회에 관해 묻기 시작했다.
그러다 뒤에서 누군지는 모르겠지만 한 친구가 내게 말했다.
"악마의 자식!"
그 말은 내게 엄청난 충격과 상처를 주었다.
그 뒤로 나는 한동안 교회에 가지 않았다.

나중에 알고 보니 내가 다니던 교회가 진짜로 이상한 교회였다. 사람을 신이라 말하며 2000년이 되면 지구가 멸망한다며 준비를 해야 한다고 했다. 이상한 것들이 한둘이 아닌데 그때 당시에는 그게 이상하다고 생각할 정신도, 겨를도, 여유도 없었나 보다. 태어나 처음 가는 교회였고 그래서 거기서 하는 말들은 다 진짜라 믿었다.

내게 악마의 자식이라 했던 친구를 한동안 많이 미워했었다. 그런데 그 친구가 아니었으면 고지식하고 변화를 싫어하는 내 성격에 아직도 못 빠져나오고 그 이상한 교회를 지금도 다니고 있었을지도 모르겠다. 그것도 엄청 열심히.

이제 생각해 보니 그때 그 친구가 참 고맙다.
충격요법을 제대로 써 준 덕이다.
그때 당시엔 깨닫지 못했던 것들을 지나고 보면 알게 되기도 한다.

나의 마지막 순간

가까운 친척분이 돌아가셨다.
갑작스러운 소식에 마음이 편치 않았다.
코로나 백신을 맞고 몸에 이상이 생겨 한 달을 중환자실에 계셨다. 가족들은 단 한순간도 돌아가실 거라 생각하지 않았다고 한다.
그런데 몸이 건강할 때 영정 사진을 미리 찍으시고, 생명 연장 거부 신청서에 사인도 하셨다고 한다.
또 돌아가신 할아버지를 뵈러 할머니와 다녀오셨다는 얘기를 듣고 많은 생각을 하게 되었다.

나의 죽음의 순간을 알 수 있다면 나는 어떤 준비를 하고 어떻게 살아야 하나 싶었다.
생각해 보면 우리는 모두 언젠간 죽게 되는 시한부 인생인데 마치 나에겐 죽음이 없는 것처럼 살고 있진 않나 하는 생각도 들었다.

당연히 내겐 내일이 있고 가족들이 있을 것 같지만 어떤 것도 당연한 건 없다.
내게 주어지는 이 하루는 당연하지 않은 너무나 큰 선물이고, 그래서 나는 그 하루를 허락하신 하나님께 감사하며 오늘이 마지막인 것처럼 살아가야 하지 않을까?

오늘이 정말 내 인생의 마지막이라면 공부 안 한다고, 정리 안 한다고, 자매끼리 뒈지게 싸운다고 헐크처럼 변해서 소리 지르는 엄마 대신 "사랑한다"라고 다정한 목소리로 얘기해 주고, 똑같은 말을 10년째 해도 변치 않는 한결같은 남편에게 발톱을 드러낸 호랑이 같은 표정으로 노려보는 게 아니라 "고생했어, 고마워, 사랑해"라고 말해 주는 아내가 될 수 있지 않을까?

아… 생각만 해도 속이 답답한 게 오늘은 일단 안 되겠다.
헐크와 호랑이로 하루만 더 살자.

지금 모습 그대로

유방암 수술과 동시 복원을 하고 나서 어느 정도 예전 가슴 모습은 남아 있지 않을까 했던 나의 기대는 너무 큰 욕심이었다.
처음 내 가슴을 보는 순간 아무 말도 할 수 없었다.
양쪽 가슴의 위치가 많이 달라졌다.
거기다 복원이 잘되지 않았는지 울퉁불퉁한 모양에 움푹 들어가기까지 했다. 한동안 제대로 가슴을 볼 수도 만질 수도 없었다.

수술 후, 가족들과 워터파크를 갔었다.
물놀이를 끝내고 목욕탕에 들어가 많은 사람 틈에서 씻으려 하는데 나도 모르게 내 왼쪽 가슴을 숨기려 애쓰고 있다는 걸 알게 되었다.
남들이 혹시라도 나를 쳐다보진 않을까 신경을 곤두세우고 벽에 최대한 붙어서 빨리 씻고 도망치듯 나왔다.
망가져 버린 것만 같은 내 가슴을 다른 사람이 쳐다보는 게 싫었다. 그래서 감추고 싶었다.

아무에게도 보여 주고 싶지 않았다.

그런데 유방암에 걸린 건 내 잘못이 아니었고, 이미 나는 수술 후 이렇게 건강한 모습으로 워터파크를 왔다.
누군가는 나와 같은 병에 걸릴 수 있고 그렇다면 나의 모습은 또 다른 누군가에겐 긍정의 메시지가 될 수 있지 않을까 하는 생각이 들었다.
절망보단 희망을 말하고 싶은 나는 내 왼쪽 가슴을 사랑해야겠다.

예쁘지 않아도 괜찮아.
예전과 다른 모습이어도 괜찮아.
그저 그 모습 그대로 괜찮아.

건강염려증

암 진단을 받고 수술한 후로 내게 아주 고약한 습관이 생겨 버렸다.
'건강염려증'
아프기 전엔 어디가 조금 아프거나 불편하면 대수롭지 않게 생각하고 넘어갔었다. 지금은 그렇지 못하다.

목이 너무 답답하고 아플 땐 갑상샘암.
구내염이 생기면 구강암.
뼈가 시큰하고 아픈 것 같으면 뼈암.
배 쪽이 아픈 것 같으면 자궁암.
점이 좀 큰 거 같으면 흑색종.
조금 아파서 인터넷 검색을 하다 보면 결국 모든 질병의 최종 진단은 암이 된다. 그러니 검색할 때마다 또 암이 아닐까 하는 두려움에 떨게 된다.

처음에는 같이 걱정해 주던 남편도 나중엔 그런 내 모습을 보면서 한심하다는 듯이 말한다. 무슨 걱정이 그리 많냐며 그냥 죽으면 죽으리라 하고 살면 되지 않냐며.

차라리 죽는 건 두렵지 않다.
그런데 또 암에 걸리게 되면 남편과 자식에게 짐이 될까 두려운 거다.
아이의 기억 속에 아픈 엄마로 남고 싶지 않다.
남편에겐 병든 아내의 모습으로 살고 싶지 않다.
예쁘고 건강한 엄마와 아내로 살고 싶다.

병원에 가는 걸 너무 싫어하는 나지만
몸과 마음의 건강을 위해 방구석에 앉아 핸드폰으로 검색하며 혼자 진단 내리지 말자.
아프면 병원을 가자.
괜찮다는 의사의 한마디가 생각보다 큰 위안이 된다.

안아줘

교회에 어떤 분이 유방암 수술을 받고 얼마 안 돼 재발이 돼서 모든 성도가 함께 기도했었다. 나 역시 안타까운 마음에 얼굴 한번 뵙지 못한 그분을 위해 정말 열심히 기도했다. 결국 암이 뇌까지 전이되어 돌아가셨다는 얘기를 듣고 마음이 너무 아팠다.
남편에게 내 이런 마음을 얘기하면서 나는 우리 애들 결혼하고 아기 낳을 때까지 건강하게 살고 싶다고 말했다.
또 아플까 봐 걱정된다고.
그랬더니 왜 일어나지도 않은 일들을 걱정하냐며 핀잔을 준다.

겪어 보지 못한 사람은 이해할 수 없는 마음.
아직도 나는 가슴을 볼 때마다 선명하게 남아 있는 수술의 흔적들이 내가 암 환자라는 사실을 상기시켜 준다.
아무 생각 없이 지내다가도 텔레비전에 암 환자가 나오면 감정이입이 되고 나도 저러면 어쩌나 하는 두려움이 밀려온다.

이걸 알 리가 없는 남편이다.

다른 사람의 아픔은 아무도 이해할 수 없는 것 같다.
아무리 친하고 가깝다 해도 겪어 보지 못한 일들에 대한 공감은 그 누구도 해 줄 수 없다.
그러니 위로를 구걸하지 말며, 나의 아픔을 공감해 주지 않는다 비난하지 말자.
내 상처가 너무 커 내겐 보이지 않는 그 사람의 상처도 분명히 있을 테니 말이다.
나 또한 그것을 온전히 공감하고 이해할 수 없다.
나 자신을 온전히 위로하고 안아 줄 수 있는 건, 오직 나뿐이다.
그러니 나를 안아 주자.

오늘 난 새날을 또 하나님께 선물로 받았으니 두려워 말고 살아가면 된다고.

기다림

어릴 적 빼고는 한 번도 긴 머리를 해 본 적이 없어서 항상 비슷한 길이의 단발로 살고 있다. 그러다 보니 조금만 길면 답답하고 어색해서 주기적으로 미용실에 가서 잘라 주고 있다.
어쩌다 보니 이번에 미용실 갈 시기를 놓쳤다.
뒷머리는 그렇다 쳐도 앞머리가 눈을 찔러서 안 되겠다 싶어 직접 앞머리를 잘랐다.

눈썹 칼로 한쪽을 자르고 비슷하게 또 한쪽을 잘랐다고 생각했는데 심각하게 비대칭이 돼 버렸다.
다시 긴 쪽을 잘랐다.
너무 또 많이 잘랐는지 이번엔 반대쪽이 길어 보인다.
이쪽 자르고, 저쪽 자르고, 이걸 몇 번 반복하다 보니 앞머리가 너무 짧아졌다.
눈썹이 다 보일 정도로 짧아져 버렸다.

눈썹이 다 보이는 내 얼굴이 너무 어색하다.
참 못났다.
그 정도로 짧아졌으면 반듯하기라도 해야 하는데 여전히 내 앞머리는 삐뚤빼뚤이다. 마음 같아선 마음에 들 때까지 자르고 싶은데 그렇게 하다가는 앞머리가 남아나질 않을 것 같았다. 고민 끝에 눈썹 칼을 내려놓는다.

앞머리가 자라기까지 시간이 필요하고, 그때까지 난 어색한 내 모습을 감당해야 한다.
하지만 지금 당장 내가 할 수 있는 것은 아무것도 없다.
잘못된 걸 바로잡으려 당장 애쓰기보단 어쩌면 조금 기다리는 게 더 나을 수도 있다고 생각한다.

살면서 겪게 되는 수많은 일 중 내가 노력할수록 더 망가져 버리는 상황들이 있다. 그땐 그저 한걸음 물러나 기다림의 시간을 갖는 것이 필요한 것 같다.
그 기다림의 시간이 조금은 힘들고 답답하겠지만.
나 또한 쥐가 파먹은 것 같은 내 웃긴 앞머리가 자랄 때까지 조금 기다린 후 전문가의 손길로 예쁘게 다듬어야겠다.

나를 싫어하는 사람

보건대 치위생과를 졸업했다.
한동안 아이를 키우느라 일을 하지 못했었다.
그러다 둘째 아이가 어린이집을 갈 무렵 치과 아르바이트를 구했다.
터미널 바로 옆 낡은 건물에 있는 아주 작은 치과였는데 오전에만 근무하면 된다 해서 일하게 되었다.
너무 오랜만에 일하게 돼서 떨리기도 하고 기대도 되었다.
부푼 마음을 가득 안고 일을 시작했지만 하면 할수록 너무 힘이 들었다.

원장님이 내게 요구하는 것은 이해하기 어려운 것들이었다.
"환자에게 친절하지 마라. 환자에게 두 번 인사하지 마라. 휴지를 화장지라고 해라. 말끝에 원장님이라고 하지 마라. 너무 열심히 하지 마라"
등 일과 관련된 부분이 아닌 것들뿐이었다.
이해되지 않는 지적에도 첫 달은 그저 오랜만에 일하는 게 좋아서 그냥 웃으며 알겠다고 했다. 그런데 두 달, 석 달, 시간이 지날수록 엄청난 스트레스로 다가왔다.
결혼 전 8년 동안 일했던 치과는 환자들에겐 항상 친절해야 한다고 했었다. 친절 교육까지 따로 받을 정도였다.
그때 몸에 배어 버린 습관을 바꾸는 건 쉽지 않았다.
(불친절하게 하려고 노력하는 것도 웃기지만.)
그렇게 9개월을 일하다 갑자기 터진 코로나로 인해 그만두게 되었고 너무 다행이라 생각했다.

어떤 글에 살면서 10명 중 3명은 아무 이유 없이 나를 싫어한다는데 그게 원장님이었나 보다.
그렇지 않고서는 그렇게 사람을 괴롭힐 순 없을 테니까.

얼마 전, 친한 집사님과 통화하는데 내게 말한다.
"집사님은 존재 자체로도 사랑받을 만해요."
그저 웃으며 장난으로 얘기했지만, 그 말이 내게 큰 감동으로 다가왔다.

살다 보니 모두가 다 나를 좋아할 순 없는 걸 알게 된다.
예전 그 치과에서 내가 아무리 잘하려고 노력해도 나를 싫어했던 것처럼 앞으로도 나는 그런 사람을 또 만날 수도 있을 것이다. 그렇다면 왜 나를 싫어하는지 그 이유를 찾으려 애쓰지 말자. 그냥 아무 이유 없이 내가 싫은 걸 수도 있으니 그때처럼 상처받지 말고, 스트레스받지 말고 조금만 유연한 마음을 가지고 살아가 보자.
아무 이유 없이 나를 사랑해 주는 사람들도 분명히 있으니.

앞으로도 쭉

나는 명절이 싫다.
명절이면 한 번도 그냥 넘어간 적이 없다.
꼭 남편이나 엄마와 한바탕 싸움이 난다.
아들만 너무 사랑하는 시댁과 시댁에 잘하라는 엄마와 천상천하 유아독존인 남편 사이에서 항상 나만 속이 터진다.
그러니 그 셋의 조합인 명절은 나한테는 전쟁이나 마찬가지다. 그래서 명절이 다가오면 며칠 전부터 머리가 아프고 짜증이 난다.

아니나 다를까 이번에도 엄마와 한 판, 남편과 두 판을 싸우고 긴 연휴를 다 채우지 못하고 홧김에 예상보다 일찍 집으로 내려왔다. 왜 이렇게 빨리 가냐는 시어머니와 엄마의 얘기에도 뒤도 돌아보지 않고 와 버렸다.

오랜 시간이 지나도 상황은 달라지지 않는다.

그래서 이제는 내가 선택할 수 있는 것을 하기로 했다.
힘든 환경에서 오래 머물지 않는 것이다.
내가 편히 있을 수 있는, 내가 행복할 수 있는 그런 환경으로 재빨리 돌아와 힐링의 시간을 보내기로 한다.

긴 연휴가 끝나고 남편과 아이들을 보내 놓고 더러워진 집을 말끔히 청소했다. 그러곤 앉아서 따뜻한 커피와 달달한 디저트를 먹으니 명절의 스트레스가 단번에 날아가고 마음이 평안해진다.
기분이 좋아 잘 쓰지도 않는 커피 리뷰를 하트까지 넣어서 쓰고 5점 만점에 5점을 주고 혼자 뿌듯해한다.

행복하게 살자.
나를 뒤흔드는, 내가 어찌할 수 없는, 나를 힘들게 만드는 주변 환경 때문에 내 행복이 움츠러들어 사라지게 만들지 말자.
나는 원래 행복한 사람이다.
앞으로도 나는 쭈욱 그렇게 행복한 사람으로 살 것이다.

오늘은 오늘로 족하다

누군가의 잘못으로 갑작스레 많은 사람이 세상을 떠났다.
그 사고 때문에 한동안 마음이 너무 아프고 힘들었다.
나는 그런 사람이다.
누가 힘들면 나도 힘들다.
누군가의 아픔을 보고 들으면 계속 생각난다.

삶이 너무 허망하게 느껴졌다.
최선을 다한다고, 열심히 산다고 해도 미래가 보장되지 않는 세상 속에 사는 것 같았다.
착하면 잘 살고, 못되면 벌 받아야 한다.
열심히 일하면 잘살고, 망나니처럼 살면 잘되면 안 된다.
하지만 우리 사는 세상에 이 공식은 전혀 들어맞지 않는다.
죽고 사는 게, 잘 먹고 잘 사는 게, 우리의 의지와 노력과는 전혀 상관없다는 것을 매일 경험하며 사는 것 같다.

그렇다고 삶을 완전히 놔 버릴 용기도 없는 나다.

아침 등교를 준비하며 매일 불평과 불만으로 가득한 아이들에게 말했다.
오늘은 누군가가 간절히 원하지만 가질 수 없는 내일이라는 것을, 또 우리도 오늘을 보내고 내일을 다시 맞이할 수 있을 거란 보장이 없다는 것을.
그러기에 우리는 오늘 이 하루를 최선을 다해 살아가자고 얘기했다.

두 아이가 내가 한 말들을 이해하지 못한다는 걸 알았다.
하지만 어쩌면 그건 아이들이 아닌 나 자신에게 하는 얘기인지도 모르겠다.
마음이 너무 아프고 힘들지만 나는 내게 주어진 삶 속에서 내가 할 수 있는 것을 하면서 또 하루를 시작한다.
누군가의 아픔에 공감하고, 함께 슬퍼하며, 그들을 위해 기도하고, 내일은 오늘보다 더 나은 세상이 되기를 바라면서.
오늘은 그저 오늘로 족하다.

그때도 지금도 같은 나

언젠가 둘째 딸이 내게 엄마도 술을 먹었냐고 물었다.
먹었지. 많이 먹었지.
마셨지. 죽도록 마셨지.
술을 끊었던 때로 거슬러 올라가 보면 교회를 다닌 지 1년 조금 넘었을 때였던 것 같다.
갑자기 술을 끊어야겠다는 생각이 들었다.
술버릇이 나쁘기도 했고 순수한 마음에 하나님이 싫어하는 걸 하지 말자고 생각했었던 것 같다.
그렇게 3년 동안 죽도록 마시던 술을 끊었다.

대학을 졸업하자마자 대형 치과에 취업했다.
워낙 큰 치과라 과가 다 세분화돼 있었다.
(보존과, 보철과, 치주과, 구강외과, 교정과, 소아치과)
1년 차는 모든 과를 한 번씩은 가야 해서 3~4개월마다 한 번씩 로테이

선하고 있었다.

그러다 구강외과를 가게 됐다.
내가 술을 안 먹는다고 했더니 그때부터 팀장님이 나를 미워하기 시작했다.
구강외과는 수술을 주로 많이 한다.
그리고 항상 수술 후에는 회식하면서 스트레스를 푼다.
그런데 1년 차가 들어와서는 술을 안 먹는다고 하니 미울 수도 있었겠다. 팀장님이 원장님께 나 때문에 과 분위기 망친다고 욕을 했었다. 원장님과 팀장님께 투명 인간 취급을 당했고 소독실에서 쭈그리고 앉아 많이 울었다.

하나님께 왜 내가 술을 안 먹는다는 이유로 이런 설움을 받아야 하는지 매일 물었다. 때려치워야지 생각하면서도 그만둘 용기가 없어 그냥 묵묵히 일만 했었다.

그리고 한참이 지나서야 원장님께 인정을 받았다.
그 뒤로 나는 어떤 회식 자리에서도 술을 먹지 않게 되었다.
누구도 내게 술을 권하지 않았다.
전체 회식을 가서도 다들 내게 "넌 술 안 먹지?" 하며 사이다를 부어 주었다. 힘들었던 몇 달을 버티니 직장생활 하는 내내 술 때문에 문제 생기거나 골치 아픈 일은 한 번도 없었다. 그 뒤로 어느 직장을 가도 누굴 만나도 술을 먹지 않는다고 당당히 말했다.
처음이 어렵지, 다음은 너무 쉬웠다.

지금도 가끔 소독실에서 울던 내 모습이 생각난다.
사회 초년생이 미움과 설움을 참 잘도 이겨 냈다.
그땐 어렸지만 상처받아도 꿋꿋이 살았었는데 왜 어른이 되고 나이 들수록 더 마음이 상처에 무방비가 되는지 모르겠다.

옛 기억은 추억으로 끝내지 말고 내가 어떤 사람이었는지 기억하며 살아야겠다.
상처받는다고 엎어지지 않고 오뚝이처럼 일어난 사람.
묵묵히 제 할 일을 하며 끈기 있게 살아 낸 사람.
결심한 것은 무슨 일이 있어도 이뤄 낸 사람.
그게 바로 나였어.
그리고 지금도 너야.

아….
나 완전 멋진 사람이었네.

내 주머니의 하얀 돌

유방암 정기검진 검사 결과를 들으러 갈 땐 언제나 그랬듯이 마음이 뒤숭숭하다. 괜찮다가도 심란해지고, 아예 잊은 듯 살다가 또 갑작스레 불안해진다.
이런 상태에서 하필이면 왜 난 서울대학교 암 병원 종양내과 전문의가 쓴 책을 읽고 있는지 모르겠다.

말기 암 환자들의 이야기를 다룬 책이니 처음부터 끝까지 죽음에 관한 얘기로 가득하다.
똑같이 치료해도 누군가는 살고, 누군가는 죽는다.
왜 그런지는 의사도 알지 못한다고 한다.
그런데 암 환자임에도 불구하고 극단적으로 오래 사는 사람들이 있는데 그들의 공통점은 긍정적이라는 것이란다.

나는 교회를 다니기 전까지 22년을 부정의 아이콘으로 살아왔던 사람이다.

나는 긍정을 죽도록 노력해야만 되는 사람이다.

그렇게 하지 않으면 끝도 없이 나락으로 떨어진다.

코로나로 치료할 병원을 찾지 못해 전라도 광주의 작은 병원에서 수술했다. 지금 생각하면 어떻게 그런 결정을 내렸는지 모르겠다.

'암' 무서운 줄을 모르고.

어쩜 그땐 제정신이 아니었고 서울로 갈 여건이 안됐었다.

거기다 암이 너무 커서 더 커지기 전에 빨리 수술해야 한다는 생각이 강했던 것 같다.

그런데 8cm가 넘는 커다란 암 덩어리가 1기라는 말도 안 되는 결과가 나왔다. 티끌 같은 문제를 태산처럼 생각하며 살아온 내게 태산과 같은 암이 티끌처럼 돼 버린 거다.

왜 이걸 여태 잊고 살았는지 모르겠다.

나는 운이 엄청 좋은 사람이었는데.

부정의 아이콘이 아니라 희망의 아이콘인데.

인생의 주머니엔 까만 돌과 하얀 돌이 있다고 한다.

하얀 돌은 좋은 일, 까만 돌은 나쁜 일이다.

어떤 돌을 먼저 뽑는지에 따라 사람 인생이 달라지겠지만, 누구나 까만 돌과 하얀 돌의 개수는 똑같다고.

어쩌면 내 주머니엔 하얀 돌만 남아 있는지도 모르겠다.

걱정하지 말기로 했다.
혹여 아직 남아 있는 까만 돌이 나온다고 해도, 내 주머니엔 수도 없이 많은 하얀 돌들이 있을 것이다.
앞으로 나는 행운의 아이콘, 희망의 아이콘, 긍정의 아이콘이 될 수 있다.

《어떤 죽음이 삶에게 말했다》
이 책을 읽고 마치 내가 죽음에 가까워진 듯했다.
《임신출산육아대백과》를 읽고 다시 그때로 돌아간다 생각해 볼까.
생명, 희망, 뭐 이런 거.
……
아냐. 아팠어. 많이 아팠어.
다른 책을 골라야겠다.

사랑을 채워야 할 때

항상 좋은 어른이 되고 싶었다.
나이 들수록 마음의 넓이가 더 넓어질 거라 생각했다.
그런데 그게 얼마나 어려운 일인지 알겠다.

이상한 손님이 찾아왔다.
'섭섭이'
왜 섭섭한지 모르겠다.
항상 내 곁엔 똑같은 사람들인데 그들은 변한 게 없는데 왜 나는 섭섭함을 느끼는 건지 모르겠다.

나이 들수록 마음이 쪼그라드는 건가.
나이 들수록 더 대접받기를 원하는 건가.
나이 든다고 마음까지 저절로 성숙해지진 않는가 보다.
여전히 나도 누군가에게 챙김 받고 싶은 건지도 모르겠다.

마치 어린아이처럼.

드라마 〈폭싹 속았수다〉에서 중년의 애순이가 노년의 이모에게 했던 말이 있다.
"이모, 난 언제 다 커요?"라는 물음에 이모는 답한다.
"나도 아직 들 컸쪄."

그렇게 며느리들 욕했던 할머니도.
그렇게 주변 사람들 욕하던 엄마도.
다들 덜 커서 그랬나 보다.
다들 섭섭했나 보다.

섭섭한 마음 하나님께 내어 본다.
그때 내가 예전에 엄마한테 했던 말을 떠올리게 해 준다.
외롭다는 엄마에게 왜 사람을 의지하냐고 그렇게 면박을 줬었다.
사람을 의지하지 말라는걸.
사람은 사랑하고 친절히 대하되 하나님만 의지하라 하신다.
그러면 넘치는 사랑으로 채워 주신다고.

"내가 이만큼 줬으니 너도 이만큼 줘"가 아니라
"내가 줄게! 너는 받기만 해." 이건 내 안에 사랑이 차고 넘쳐야만 가능한 일이니까.

섭섭이가 찾아왔다.

사랑을 채워야 할 때인가 보다.

자식의 숙제

어버이날이었다.
시댁과 친정이 있는 천안에 가지 못해 전화만 드렸다.
엄마한테 먼저 전화하는 일이 거의 없었는데 어버이날마저 모른 척하면 진짜 안 될 것 같았다.
오전에 전화했는데 할 말이 없었다.
그래서 이따 저녁에 애들 오면 영상통화 한다고 둘러대고 2분도 안 돼 전화를 끊었다.
그러곤 저녁에 영상통화를 하는데 깜짝 놀랐다.
작은 전화기의 화면 너머에 보이는 엄마의 얼굴이 내가 알던 엄마가 맞나 싶었다.

내 어릴 적 항상 예뻤던 엄마는 나를 뿌듯하게 만들었다.
학교에 엄마가 오면 어린 마음에 그렇게 신이 났었다.
'봐봐 우리 엄마 예쁘지?' 속으로 생각하며 콧대가 높아졌었다. 엄마가 너무 자랑스럽고 좋았었다.
그런데 중학교 2학년 때부터 떨어져 살았고, 서로의 성격이 너무 강해 그 뒤로는 사이가 좋았던 적이 없었다.
엄마 집에 가면 불편했다.
엄마의 잔소리가 짜증이 났다.
'키우지도 않아 놓고 인제 와서 왜 저래.'
엄마에게 난 좋은 딸도, 살가운 딸도 아니었다.

그런데 변해 버린 엄마의 얼굴이 내내 마음에 남는다.
세월이 바람처럼 지나간다고들 한다.
엄마의 세월도 바람처럼 지나갔나 보다.
엄마에게…잘해야겠다.

한 번도 엄마에게 잘해 본 적이 없어 어떻게 해야 하는지 도통 모르겠지만 엄마가 맨날 얘기하던 전화라도 자주 해야겠다.
밥 먹었냐고. 오늘은 어땠냐고. 건강 잘 챙기라고.
참 별거 아닌 말들인데 왜 그리 힘들었나 싶다.

전화하는 게 내겐 숙제 같겠지만 숙제도 하다 보면 늘겠지.
기다리쇼 이 여사.
그렇게 욕하던 못된 딸내미가 자주 전화할 테니.

남편과 엄마는 전쟁터의 적군 같다.

그도 그럴 만한 게 나보다 더 성격 강한 남편이 엄마랑 맞을 리가.

그런 남편에게 우리 엄마에게 잘해 달라고 부탁했다.

얼마나 외롭겠냐며.

너나 우리 엄마한테 잘하라는 눈빛으로 쳐다본다.

하….

숙제가 한 개가 아니라 두 개였다.

그냥 살면 돼

얼마 전, 산부인과 정기검진을 했다.
유방암을 예방하는 약인 타목시펜은 자궁과 난소엔 좋지 않아 부인과 검진을 자주 하고 있다.
그런데 왼쪽 난소에 혹이 생겼단다.
모양이 좋지 않아 혈액검사를 하고 나중에 추가로 CT나 MRI를 찍자고 한다.

아무 생각 없이 피를 뽑고 하루를 보냈다.
아무 일도 없는 듯이.
그러다 궁금해졌다.
왜 계속 몸이 이상한 걸까.

5년 전 왼쪽 유방암 수술을 했었다.
그 이후 대장 선종을 제거했다.

반대편 유방에 의심 증상으로 조직검사를 했다.
난소 혹이 2번이나 생겼다.
이게 다 5년 동안 있었던 일이다.

남편에게 내 속에 있는 말을 꺼냈다.
"내가 마음이 문젠가 봐. 나는 나름대로 관리한다고 생각하는데 자꾸 이렇게 몸에 뭔가 생기는 거 보면. 내 마음이 편치 않은가 봐."
남편이 여느 때와는 다른 반응을 보인다.
"내가 이제 네가 하자는 대로 하며 살아야 하나."
"진짜 암이면 어떡하지?"
남편과 내가 하는 얘기를 듣고 있었나 보다.
옆에 있던 10살짜리 둘째 딸이 대뜸 말한다.
"괜찮아! 그냥 살면 되지, 살면 돼!"

그래 네 말이 맞다.
그냥 살면 돼.
살면 또 살아지니까.

갑자기 둘째 딸이 가방 정리를 하고 준비물을 혼자 챙긴다.
남편이 불을 끄고 침대에서 기도한다.
굉장히 낯선 광경들이다.

내 삶도

친한 친구와 통화를 하다 한동안 난리인 〈폭싹 속았수다〉 얘기가 나왔다. 친구가 그 드라마를 보면서 많이 울었단다.
드라마 주인공인 애순이가 자기 같다고.
자기도 서울로 대학을 가고 싶었는데 여건이 안돼서 못 갔다면서. 대학원도 가고 싶었는데 못 갔다고.
그 애길 듣고 있던 남편이 한 소리 했단다.
"대학원을 누가 못 가게 했냐? 네 대가리가 빠가라 돈만 주면 다 가는 대학원을 떨어져 놓고."

내 친구의 남편은 연애하던 시절부터 친구에게 꽉 잡혀 살았다. 친구 말이라면 죽는시늉도 할 정도였다. 그런 남편이 오죽했으면 대놓고 대가리가 빠가라고 했을까. 아주 멋진 표현이라고 말해 줬다.

그러고 보니 내 친구와 나는 같은 대학교 같은 직장을 다녔다. 그래,

나도 한 소리 했다.
"고등학교 3년 내내 댄스동아리에서 춤만 춘 나랑 3년 내내 과외받으면서 공부한 너랑 같은 대학을 갔으니 내가 더 똑똑한 거 아니냐?"
수능을 못 봐서 그렇단다.

어찌 됐든 그래도 친구는 관심이 같은 좋은 남편을 만났으니 비슷한 게 한 개는 있네. 반면 나는 애순이와 비슷한 점을 눈을 씻고 찾아봐도 찾지 못했다.
애순이와 자신의 삶이 비슷하다고 생각하는 내 친구도, 애순이와 비슷한 점이 하나도 없는 나도 펑펑 울게 만드니 가슴 깊이 기억될 명작인 건 확실하다.

'폭싹 속았수다'의 뜻이 '매우 수고하셨습니다'라고 한다.
애순이의 삶처럼 나의 삶도 너무 빨리 흘러간다.
하루, 일주일, 한 달, 일 년이 금방이다.

삶의 모든 순간을 기억할 순 없겠지만
적어도 좋은 기억들은 가슴에 품고 살기를 바란다.
삶의 모든 순간이 행복할 순 없겠지만
어떤 순간에도 포기하지 않고 살기를 바란다.

그래서 내 삶을 마치는 그날도 '폭싹 속았수다' 말할 수 있기를.

인생 제2막

원수는 항상
가장 가까운 곳에

재혼은 없는 걸로

지인들과 만났을 때다.
이런저런 얘기를 하다 재혼에 관한 대화를 했었다.
금실이 좋았던 부부가 사별하면 금방 재혼하는 경우가 많다고 한다.
항상 곁에 있던 사람이 없어져서 그 외로움을 견디지 못한다는 것이다. 그럴 수도 있겠구나 싶었다.

그러다 사는 동안 평생 남편 뒷바라지했으면 됐지!
또 다른 남자를 만나 여생을 밥 차리고 살림할 생각을 하니, 아휴 됐다 싶어 손사래를 쳤다.
나는 혼자 사는 게 세상 편하다며 당당하게 얘기했다.

그러자 내게 요즘 좋아하는 남자 연예인이 누구냐 묻는다.
손석구에게 푹 빠져 있다 했더니 손석구가 웃으면서 다가오면 안 흔들릴 자신이 있냐고 묻는다.

상상만 해도 나도 모르게 미소가 지어진다.
갈대처럼 흔들릴 테다.
한 번, 두 번, 백 번, 천 번 흔들려야지.

그런데 곰곰이 생각해 보니 손석구 얼굴을 하고 양말을 뒤집어 아무 데나 벗어 놓고, 밥을 먹은 그릇 치울 줄도 모르고, 과자 부스러기를 흘리면서 돌아다니며 먹는다 생각하니 안 되겠다.
그렇다면 저 꼬락서니를 안 보고 손석구의 추앙을 받고 살려면 김지원처럼은 생겨야 하는데 이번 생은 글렀다.

나는 한 번이면 충분하다.
재혼은 없는 걸로.

가는 말이 곱도록

자고 일어나서 아침을 먹으려고 식탁에 앉았다.
맞은편에 앉아 있던 남편이 갑자기 내게 "진짜 못생겼다"라고 말을 던진다.
기분이 나빴지만 참고 있는데 다시 한번 내게 프레데터를 닮았다 한다. (에이리언과 싸우는 그 괴물 맞다.)
사람한테 괴물을 닮았다니 이게 아침부터 미쳤나 나랑 지금 싸우자는 건가 싶었다. 연예인이 아닌 이상 아침에 자고 일어나자마자 예쁜 여자가 대체 얼마나 되겠는가.
물론 있기야 있겠지만.

예전에 남편과 연애할 때 징그럽게 싸우는 걸 옆에서 본 엄마가 내게 말했었다.
"너 얼굴 돌려 깎기 수술해!"
"엄마, 나 그거 하다 죽을 수도 있어."

"죽어도 괜찮으니 수술하고 다른 남자 만나!"
아침부터 얼굴로 공격을 해 대니 그때 돌려 깎기로 내 광대와 턱을 없애고 다른 남자를 만나 결혼을 할 걸 그랬나 싶다.

남편에게 아침부터 뭐 하는 거냐고 화를 냈다.
그러자 내게 너는 맨날 나한테 못생겼다고 하지 않냐며 나더러 내로남불이 따로 없단다.
생각해 보니 내가 남편에게 못생겼다는 말을 참 자주 했다.
얼굴이 까매서 "필리핀 사람 같다, 개미핥기 닮았다, 머리가 왜 그렇게 크냐, 외계인 같다" 등등 장난처럼 이런 말들을 아무렇지도 않게 했었다.

가는 말이 고와야 오는 말이 곱다는데 그동안 내가 남편에게 했던 말을 생각하니 내 잘못이 크다는 생각이 들었다.
이제부터라도 내가 먼저 고운 말을 하도록 노력해야겠다.
자…잘생겼다. 멋지다. 최고다.
부부로 사는 건 참 쉽지 않다.

부자가 아니어도

병원 가는 길에 남편과 김치찌개 맛집을 찾아갔다.
식당이 백화점 근처여서 차를 백화점에 대고 걸어 나오는데 고급 외제 차에서 내리는 여성분이 발레파킹을 하는 모습을 보았다. 남편에게 물었다.
"부자로 살면서 갖고 싶은 것을 다 가지면서 살면 더 행복할까?"
나는 백화점 1층만 가도 부담스러워서 빨리 다른 층으로 가고 싶어진다. 그런데 어느 매장을 가서도 사고 싶은 물건을 아무 고민 없이 산다면 얼마나 좋을까 하는 생각이 들었다.

당연히 '더 행복하겠지'라고 말할 줄 알았던 남편이 아닐 거란다. 결혼하고 자식 낳고 나이 드는 건 누구나 다 똑같다며.
그러면서 건강하게 먹고 싶은 음식을 먹고 사는 것만으로도 행복한 거 아니냐며 우리도 지금 맛있는 음식을 먹으러 오지 않았냐고 한다.

내가 아무리 부자여도 나보다 더 부자는 많이 있을 테고, 내가 아무리 좋은 것을 가졌어도 비교하기 시작하면 내가 가진 것이 한없이 초라하게 느껴질 수도 있을 것 같다.
그렇게 생각하니 오히려 아무것도 없는 지금이 마음 편한 건가 싶기도 하다. 김치찌개를 먹고 백화점에서 유명한 도넛을 사서 기분 좋게 나온다.

명품 가방 하나, 비싼 옷 한 벌 사지 못했다.
그렇지만 그저 내가 건강함에 감사하고, 같이 병원을 와 준 남편에게 고마웠다. 함께 먹은 김치찌개가 끝내주게 맛있었고, 그렇게 먹어 보고 싶었던 도넛을 살 수 있어서 행복했다.
그거면 됐지.

나이 들수록

입을 옷이 없다.
작년에 벗고 다니진 않았는데 올해 입으려니 입을 옷이 한 개도 없다.
옷장을 뒤지고 서랍장을 뒤져서 작년에 입었던 옷을 꺼내 입어 본다.
분명히 잘 입고 다니던 옷인데 이상하게 촌스럽고 안 어울리는 것 같은 느낌이 든다. 나만 이상한 건가 싶어 옷을 꺼내 입고 남편에게 괜찮냐고 물어보았다.
귀찮다는 듯이 멀리서 손으로 내 얼굴을 가리고 괜찮다며 대충 대답한다.

얼굴이 문제였나 보다.
작년보다 늘어난 내 주름들이, 늙어 버린 내 얼굴이 작년에 입었던 옷을 받아들이지 못하고 있는 것 같다.
속상하지만 어쩌겠는가? 세월 앞에 장사 없다는데.

그리고 얼마 뒤, 백화점에서 빵을 사려고 기다리고 있었다.
앞에서 계산하고 계신 분이 보였다.
검은 머리보다 흰머리가 많고 언뜻 봐도 적지 않은 나이임이 분명하다. 그런데 세련미가 철철 흘러넘친다.
예쁜 색감의 겨자색 통바지에 약간 오버핏 흰색 셔츠를 넣어서 벨트까지 했는데 그 모습이 세상 멋져 보였다.
나이 들어도 저렇게 멋져 보일 수가 있구나 싶었다.

나이가 들수록 주름이 늘어나고 흰머리가 나는 건 누구에게나 당연한 일이지만, 누가 봐도 멋지게 나이 들면 참 좋겠다고 생각한다.
나의 몸도, 마음도, 생각도, 멋지게 세련되게 나이 들기를 바란다.

남편이 작년에 한참 입고 다니던 옷을 입더니 본인이 봐도 이상했는지 내게 괜찮냐고 물어본다.
거지 같다고 했다.
나만 나이 드는 건 아닌가 보다.

꽃이 뭐길래

남편과 조금은 긴 부부싸움을 하였다.
주말부부로 살 때여서 일요일에 싸우면 주중엔 서로 얼굴을 못 보니 화해를 할 수가 없다.
왜 우리가 다투는지 그 원인에 대해서 그리고 상한 감정에 관해서 설명하며 얘기를 해야 하는데, 카톡으로는 한계가 있다. 결국은 5일 동안 서로 감정이 상한 상태로 있다 만나게 되었다.

그런데 남편이 꽃다발을 들고 왔다.
내가 꽃을 참 좋아한다.
남편에게 꽃을 받아 본 지가 언젠지 기억도 안 난다.
꽃다발을 보자 배알도 없이 내 입꼬리가 씰룩댄다.
꽃이 왜 그렇게 예쁘던지 나도 모르게 심드렁했던 마음이 풀린다.
정말 오랜만에 받아 본 꽃다발이 너무 좋아서 주책맞게 이리저리 사진을 찍어 대며 카톡 메인 사진으로 올려놓는다.

안 싸울 때 가끔 한 번씩 사주면 참 좋겠는데 이렇게 싸우고 나서 받는 꽃도 나쁘진 않은 것 같다.
'꽃 is 뭔들'인가 보다.

꽃 좋아하는 거 알면서 10년 동안 모른 척하더니 이번엔 용케 머리를 잘 썼다.
남자들이 단순하다 하지만 나도 참 단순한가 보다.
싸운 문제에 관해 얘기하지 않아도 내가 좋아하는 걸 기억하고 사 왔다는 거에 기분이 풀리다니.
꽃이 뭐라고.

이번 부부싸움은 이렇게 끝이 난다.
때론 말보다 상대방이 좋아하는 것을 해 주는 게 문제 해결에 더 효과적인 것 같다.
꽃병에 꽂아 둔 꽃이 너무 예뻐서 계속 기분이 좋다.

내가 먼저

친한 지인들과 애기를 나누다 다시 태어나도 지금의 남편과 결혼을 할 거냐는 애기가 나왔었다.
남편과 나는 서로 다음 생에선 옷깃만 스쳐도 지나치라고 절대 말 걸지 말고 쳐다보지도 말라고 했었다.
그러니 나는 당연히 "노!"였는데 다른 어떤 분이 자기는 다시 태어나서 결혼을 하게 된다면 지금 남편이랑 하겠다고 애기한다.

어떻게 저런 생각을 할까 궁금했는데, 애기를 들어 보니 평일은 남편이 회사에 다녀서 회사 일에만 집중하도록 터치를 안 한다고 한다. 대신 주말은 남편이 집안일을 많이 도와주는데 심지어 음식을 할 때도 곁에서 설거지하고 요리에 필요한 재료를 다듬거나 닦아 준다고 한다.
아내에겐 다정하고 아이에겐 좋은 아빠라고 한다.
서로를 향한 배려가 행복한 가정을 만든 것 같다.

반성하는 마음으로 나 자신과 가정을 돌아본다.
10년을 넘게 산 나는 남편의 단점만 보며 살았다.
내 기준에서 남편은 한없이 부족하고 자기 자신밖에 모르는 이기적인 사람이었다. 그래서 항상 남편에게 불만이 많았고 누워 있는 모습만 봐도 꼴 보기가 싫었다.
오죽하면 예전에 부부 모임에서 각자 배우자에게 고마운 점을 얘기하라고 했을 때 진짜 너무 생각이 안 나서 "살아 있어서 고맙다"라고 한 적도 있다.

그런데 다시 생각해 보니 과연 나는 괜찮은 아내일까?
나 역시 전혀 괜찮은 아내가 아니었다.
남편을 향해 내가 하는 말들은 공격적이고 비판적이었다.
부탁이 아닌 명령이었고 남편을 향한 존중과 배려는 찾아보기 힘들다.
이러고 보니 가정을 위해 열심인 남편에 대한 내 태도가 먼저 바뀔 필요가 있는 것 같다.

남편을 이해하고 배려해 보자.
까칠하고 차가운 말투가 아닌 다정하고 따뜻한 말을 건네 보자. 내가 먼저 변해야겠다는 이 다짐이 생각으로만 끝나질 않고 행동으로 말로 실천할 때 변화되는 가정의 모습을 기대해 본다. 그래서 언젠가 나도 지금의 남편과 다음 생에도 만나고 싶다고 말하길.

아니다.
한번 살아 봤는데 뭘 또 만나.
이만하면 되었다.

반전

2박 3일 출장을 다녀오겠다는 남편이 회사에 급한 일이 생겨 출장 간 곳에서 일을 계속하다 일요일 밤 8시가 되어서야 집으로 돌아왔다. 주말도 없이 내리 7일을 일하고 온 남편은 힘들었는지 그 좋아하던 텔레비전도 얼마 보지 못하고 잠이 쏟아진다며 방으로 들어가 누웠다. 다음 날도 아침 일찍 출근해 얼굴을 보지도 못했다.

문득 남편이 너무 안쓰럽다는 생각이 들었다.
물론 나도 남편 없는 동안 아이들을 오롯이 혼자 돌봐야 하는데 그게 쉬운 일은 아니다.
하지만 아이들과 함께하는 시간이 내내 힘들기만 한 건 아니었다. 아이들은 여전히 사랑스럽고, 때론 기특하고, 또 어떨 땐 나를 도와주는 든든한 도우미 역할까지 한다.
남편 없는 동안 우리가 필요한 것을 부족함 없이 사고, 먹고 싶은 음식을 마음껏 먹으면서 지낼 수 있는 것이 남편이 열심히 일해서 우리가 누릴 수 있는 것이란 생각이 들었다.
정작 남편은 본인의 삶을 즐기지도 누리지도 못한 채, 아니 쉬지도 못한 채 일을 하는 것을 보니 고생하는 남편에게 미안함과 고마운 마음이 너무 크게 느껴졌다.

그 마음을 숨겨 두고 있지 않기로 했다.
그래서 아침 일찍 남편에게 우리 가족을 위해 고생해 줘서 고맙다는 카톡을 하트 이모티콘과 함께 보냈다.
얼마 만에 보내는 하트 이모티콘인지 모르겠다.
맨날 밥상 던지고 째려보고 놀리는 이모티콘만 보내 봐서 조금 쑥스럽고 민망하지만, 하트 이모티콘과 함께 전하는 나의 고맙다는 말이 지쳐 있는 남편에게 힘이 돼 주면 좋겠다.
여보 오늘도 힘내!

나중에 퇴직해서 많이 쉴 수 있으니 정년까지만 지금처럼 열심히 일합시다!

Well dying

교회 부부 모임을 갔었다.
항상 모임 마지막엔 자신의 기도 제목을 나눈다.
그날의 내 기도 제목은 '잘 죽는 것'이었다.

비슷한 시기에 장례식장을 다녀오고, 할머니를 만났다.
너무 이른 나이에 세상을 떠난 지인의 장례식이었다.
자식을 떠나보낸 부모는 슬피 울지도 못하고 상주복을 입지도 못했다. 부의금도 받지 않았다. 장례식장은 적막했다.
그런데 바로 옆에선 자식과 손주까지 다 있으신 할아버지가 돌아가셨는데 시끌벅적하고 어둡지 않은 분위기였다.
그리고 나서, 아픈 할머니를 뵈러 갔는데 24시간 자식들의 돌봄을 받아야만 했다. 할머니를 먹이고 씻기고 용변을 받아 내는 모든 것이 남아 있는 아들들의 몫이었다.

많은 생각이 들었다.

나의 죽음이 누군가에게 너무 큰 슬픔이 되지 않고

너무 오래 살아 자식들에게 짐이 되지 않는 그런 죽음.

너무 이른 그리고 너무 늦은 죽음도 아닌

가장 적당한 때에, 가장 편안한 죽음이기를 소망한다.

'잘 죽는 것'

어쩌면 잘 사는 것만큼 중요한 일인 것 같다.

모임에서 이런 내 마음을 얘기하며, 남편과 같은 날 죽었으면 좋겠다고 했다.

다들 내게 너무 무섭다며 왜 같이 죽으려고 하냐고 묻는다. 그래, 나 죽고 남편 혼자 홀아비로 남아 자식들에게 짐이 되면 안 된다고 했다.

남편이 그 얘길 듣고 눈이 동그래져서 나 죽고 나면 자기는 새장가 가면 된단다.

괘씸하기 짝이 없다.

꼭 한날한시에 죽게 해 달라고 기도해야겠다.

너나 잘하세요

남편과 함께 위, 대장내시경을 했다.
위내시경은 유방암 수술 이후 일 년에 한 번씩 하고 있고 대장내시경은 5년 만에 하는 것 같다.
아침부터 부지런히 준비해서 병원을 갔다.

수면으로 내시경을 다하고 난 뒤 의사의 설명을 듣는데 아직 정신이 완전히 돌아오지 않은 상태에서 들었나 보다.
집에 와서 의사의 설명을 다시 생각해 보았는데 도저히 기억이 안 난다. 그래서 정신을 차린 뒤 병원에 전화해 다시 물어보았다.
병원에서 내 대장과 위에 용종이 있어 제거했고 조직검사를 보냈단다.
?
내가?
남편이 아닌 내가 위와 대장에 용종이 있다고?

기가 차고 어이가 없었다.

내가 늘 남편에게 몸에 좋은 음식 먹어야 한다고 잔소리를 해 댔다. 뭘 먹을 때마다 성분이 어쩌니 저쩌니 따지면서 그런 거 먹으면 안 된다고 했었다.

근데 남편은 멀쩡하고 내가 용종이 있다니 말이 안 된다.

붉은 고기는 일체 입에 대지도 않고 채소도 웬만큼 먹고 운동도 하는 내가 왜 도대체 용종이 있단 말인가.

내 열심으로 되는 게 진짜 한 개도 없다.
다 때려치워야겠다.
그냥 막살아야겠다.
삐뚤어질 테다.
나의 열심도, 나의 노력도 다 부질없는 게 인생인가.
당분간 마음의 안정이 필요할 것 같다.

아침에 빵과 딸기잼을 남편에게 주며 딸기잼에 당이 55%나 되는 걸 보고 깜짝 놀라 당류가 엄청 높다고 얘기했더니 남편이 콧방귀도 안 뀐다.

그러고는 왠지 내게 눈빛으로 말하는 것 같았다.

'너나 잘하세요.'

용종 없는 자에게 용종 있는 자인 내가 하는 말은 이제 씨알도 안 먹히겠다.

해맑은 당신

남편은 한 달에 한 번씩 머리를 자르고 석 달에 한 번씩 파마한다. 나는 암 수술 후 머리가 많이 빠지고 모발이 너무 가늘어져서 염색이나 파마를 하지 않는다. 두세 달에 한 번씩 커트만 하는데 어쩌다 이번에 미용실을 같이 가게 되었다.

남편 머리를 먼저 하고 내 머리를 하면서 원장님과 이런저런 얘기를 나눴다. 남편에 관한 얘기가 나왔다.
내가 저렇게 자주 머리하는 남자가 있냐며 우리 신랑은 1순위가 자기 자신이라고 말했다. 그래서 이번 생은 내가 다 내려놓고 남편 하고 싶은 거 마음껏 하고 살라고 했다고 했다.
그렇게 안 하니까 자꾸 싸움이 되고 스트레스를 받아서 내가 아픈 것 같다고. 그래도 아픈 게 아이들이나 남편이 아니라 나여서 다행이라고 했다.

그 말에 원장님이 울컥하셨다.

그러면서 왜 그렇게 생각하냐며 그런 게 어딨느냐고 하시며 한마디 더 하신다.

우리 남편을 보며

"해맑은 이유가 있었네! 자기 하고 싶은 거 다 하고 살아서 저렇게 해맑구나."

해맑은 당신.

하고 싶은 거 다 하며 사는 당신.

지금은 자격증을 따겠다며 3년이 넘게 공부를 하는 당신.

고3 때 그렇게 공부했으면 서울대는 갔겠네.

그때 안 하고 왜 처자식 다 있는 지금 이렇게 공부를 하는지 모르겠지만 이번 생은 그대 하고 싶은 거 다 하고 사세요.

언제나 지금처럼 해맑게.

그게 나를 만난 당신의 복이라 생각할 테니.

내가 생각해도 나는 참 괜찮은 여자다.

위로 말고

남편이 요즘 회사 일이 꽤 힘이 드나 보다.
일이 너무 많기도 하고 그 많은 일이 순조롭게 해결되지도 않아 계속 쌓이기만 해서 답답해하는 것 같다.
얼마 전 깊은 한숨을 쉬며 요즘 살맛이 안 난다며 무기력한 모습을 보여서 놀랐다.
항상 긍정적인 사람이었다.
매번 흔들리고 부정적인 건 내 몫이었다.
땅끝까지 바닥으로 떨어져서 온갖 부정적인 생각들로 흔들리는 나를 다잡아 주고 희망찬 얘기를 해 준 게 남편이었다.
근데 그런 그가 살맛이 안 난다고 말하는 건 처음인 것 같다.

그런 그를 보며 다 잘될 거라고 걱정하지 말라고 혹여 자기의 뜻대로 되지 않는 그런 상황조차도 하나님이 좋은 길로 인도하실 거라며 위로했지만 남편에겐 와닿지 않는 것 같았다.

힘들 땐 아무 소리도 들리지 않는 게 당연하다.
나도 그랬었다.
누군가의 위로도 잘될 거란 막연한 희망도 다 부질없이 느껴지던 순간이 있었다.
그런데 그런 순간들도 다 지나간다.
남편의 이 힘든 시간도 언젠가는 다 지나갈 거라 믿는다.

그때까지 내가 힘이 돼 줘야겠다고 생각할 찰나에 남편이 잠들면 깨지 않고 천국 갔으면 좋겠단다.
내가 발끈하며 소리쳤다.
"말도 안 되는 소리 하지 마!
지금 내가 만들어 놓은 빚이 얼만데 나한테 똥 투척하고 혼자 편히 천국 갈 생각하지 마! 죽을 거면 빚 다 갚고 죽어!"

위로할 땐 먹히지 않는 것 같더니 소리를 빽 지르며 현실 파악을 시켜 줬더니 아무 소리 못한다.
역시 우리 남편은 좋은 소리보단 혼꾸멍을 내주는 게 더 효과적인 것 같다.
그대에겐 위로보단 현실 파악을.

눈눈이이

남편이 회식이라는데 마침 장소가 아이 태권도장 근처라 간 김에 같이 태워 왔다.

남편은 평소엔 말 없고 낯도 많이 가리는 성격이다. 그런데 술만 먹으면 기분이 안드로메다까지 치솟아서 푼수도 이런 푼수가 없다. 춤추고 노래 부르고 입이 마르도록 다른 사람 칭찬을 해 댄다. 술을 먹은 그는…많이 부끄럽다.

기분이 좋은지 역시나 차를 타자마자 말을 해 댄다.
그런가 보다 하며 가는데 갑자기 창문을 연다.
답답해서 그러나 싶은 순간 갑자기 침을 모으더니 "퉤" 하고 뱉어 버린다.
이게 지금 뭐 하는…이…쌍!
침을 뱉으려면 대갈통을 창문 밖으로 멀찌감치 빼서 뱉어야지! 차 안에서 뱉은 침은 고스란히 창문과 차에 다 묻어 버렸다. 나와 아이들은 그 처참한 광경에 소리를 질렀다.

집에 도착하니 혼자 차에서 내려 실실 웃으며 아무 일도 없다는 듯이 집으로 들어간다.

둘째 딸은 차를 보며 더럽다고 소리 지르며 들어간다.

첫째 딸은 "나는 안 보련다" 하고 쿨하게 가 버렸다.

혼자 물티슈로 차를 닦으며 욕이 쉴 새 없이 나왔다. 단전 깊은 곳에서 끓어오르는 주체할 수 없는 깊은 빡침이 무엇인지 알았다.

부부는 전생에 원수라더니.

예수님이 원수를 사랑하라 하셨는데 지금은 못하겠다.

원수를 사랑하는 건 죽기보다 힘든 거다.

성경 구약시대 율법엔 눈에는 눈, 이에는 이였다.

받은 대로 돌려주는 거다.

내 저자를 구약시대로 끌고 가 얼굴에 침을 뱉으면 좋으련만.

아침에 눈 뜨자마자 세차하러 갔다.

며칠 아파서 꼼짝도 못했는데 남편님이 나를 벌떡 일으켜 세웠다.

참 고맙다. 고마워!

이 웬수야.

왜 말을 못하니

아이들 픽업을 5번을 해야 하는 날이 있다.
한 날은 중간에 일이 있어서 나갔다 왔더니 첫째 아이 마지막 픽업을 갈 힘이 없었다. 몸이 좋지 않은지 머리도 아프고 소화도 안되고.

남편이 일찍 퇴근하면서 일이 많은데 눈이 너무 감기고 빠질 것 같아서 집에 왔단다. 픽업을 부탁하고 싶었는데 힘들다는 그에게 차마 말을 꺼내지 못했다. 근데 내가 침대에 누워서 힘들다는 얘기를 계속했나 보다.
남편이 힘들면 자기한테 부탁하면 되지 왜 말을 못하냐고 하길래 눈이 빠지겠다는데 어떻게 그런 말을 하냐고 했다.
"눈이 빠질 것 같아도 어쩌겠어. 도와 달라면 가야지."
그러고는 아이를 데리러 갔다.

도와 달란 말.

일요일에 교회를 다녀왔더니 쌓여 있는 집안일을 하느라 한번 앉지를 못했다. 나 그러는 동안 우리 남편 소파에, 침대에 누워 있었다. 밥 먹은 식탁을 한번 닦지도 않고.
설거지하면서 화가 나서 아이들에게 너희는 엄마처럼 살지 말라고 했다. 이렇게 부엌에만 있지 말라고. 다 해 주는 남편 만나라고. 그 얘기를 남편이 들었나 싶다.

생각해 보니 일요일에 한 번도 남편에게 도와 달란 말을 안 했었다. 물론 말하지 않아도 척척 해 주는 남편이었다면 너무 좋았겠지만 내 님은 아니니.
하나부터 열까지 다 가르쳐야 하니 어떨 때는 말하는 것조차도 귀찮은데 그날이 그랬나 보다. 아무 말도 안 했다.
하다 보니 화가 나서 더 아무 말도 안 했다.
아마도 말을 했다면 분명 도와줬을 텐데.

혼자 북 치고 장구 치면 힘들다.
북은 내가 치고 장구는 남편이 치도록 해야지.
귀찮아도 하기 어려워도 말을 해야겠다.
다 해 주는 남편은 아니더라도 같이 하는 남편은 될 수 있으니.
갑자기 예전에 한참 유행하던 문구가 떠오른다.
"남자는 여자 하기 나름이에요."

좋아하는 목사님이 너무너무 다정하고 다 해 주는 좋은 남자 세상에 물론 있지만, 그 남자는 나랑 안 산다고 지금 사는 남편이 나한테 가장 잘 맞는 짝이라고 한다.
그럴 리가….

가족사진

남편이 술을 먹고 기분이 하늘까지 업되서 들어왔다.
조잘조잘 말을 해 댄다.
택시를 타고 집에 오는데 택시 기사님이 두 손이 없으셨다면서 깜짝 놀랐단다. 어떻게 두 손이 없는데 운전을 하시느냐고 기사님께 진짜 대단하시다고 정말 존경한다고 말했단다. 그러면서 저희 장인어른도 오른쪽 팔이 없으셨다고 했다며.

'장인어른'
남편에게서 처음 듣는 단어였다.
그럴 수밖에 없는 게 아빠는 내가 결혼하기 3년 전에 돌아가셨다. 남편은 한 번도 우리 아빠와 대화를 해 본 적이 없었다. 아빠가 많이 아팠단 걸 몰랐어서 기회가 많을 줄 알았었다.

그런데 삶의 어떤 순간은 예기치 않게 다가오고, 마지막일 줄 몰랐던 그때가 마지막이 돼 버린다.

그때 이후로 내겐 아빠가, 아이들에겐 외할아버지가, 남편에겐 장인어른이 영원히 없어졌다.

〈천국보다 아름다운〉이라는 드라마에선 천국에 가면 자신이 원하는 건강한 모습으로 살 수 있다. 만약 진짜 그런 천국이 있다면 아빠는 잃어버린 오른쪽 팔을 회복하고 건강한 사람으로 행복하게 살고 있으면 좋겠다.

둘째 아이 학교에서 가족사진을 가져오라길래 찾다 보니 시댁 식구들과 찍은 사진밖에 없다.
그걸 보니 아빠와 찍은 사진이 없다는 게, 앞으로도 찍을 수 없다는 현실에 새삼 슬퍼진다.

우리 다 같이 천국 가면 가족사진부터 찍어야겠다.
엄마, 아빠, 우리 가족이 함께 있는.
……
일단 엄마부터 같이.
어째 엄마랑 찍은 사진이 하나도 없노.
미안합니다. 오마니.

남편의 권위

둘째 딸과 남편이 앙숙이 되었다.
얼마나 싸워 대는지 모르겠다.
아이에게 아빠의 권위라고는 찾아볼 수가 없다.
다 내 잘못이라는 생각이 들었다. 내가 남편을 대하는 모습이 아이들에게 영향을 미쳤을 것이다.

내게 남편은 아들 같다.
손도 많이 가고, 말도 듣지 않고, 사람 속도 뒤집어 놓고 딱 철부지 아들 같아서 나도 모르게 막 대했다.
그런데 딸아이까지 아빠를 막 대하는 모습을 보니 이래서는 안 되겠다 싶어 내가 먼저 남편을 존중하기로 했다.
그래서 출근과 퇴근 시 공손히 두 손을 모으고 90도로 인사를 하기로 했다.
남편도 은근 좋아하는 눈치다.

그렇게 하루를 하고 났더니 다음 날부터 하기가 싫어졌다.
작심삼일도 아니고 작심하루라니.

처음 교회를 다닐 때 너무 멋진 교회 오빠한테 반해 자전거 타고 40일 새벽기도를 다녔다.
그때 기도 제목은 딱 하나였다.
"오빠가 날 좋아하게 해 주세요."
그런 내게 교회를 오래 다닌 친구가 말했다.
"연아, 하나님은 너한테 딱 맞는 좋은 사람을 예비해 두셨는데 네가 자꾸 다른 사람을 달라고 하면 얼마나 난처하시겠어."

맞아.
남편은 실수가 없으신 하나님이 내게 주신 귀한 사람이다.
막 대하지 말아야겠다.
마음을 다잡고 남편을 존중하고 사랑해 줘야겠다.
그런 나의 모습을 보면서 딸아이들도 아빠를 존중하고 귀히 여길 거라 믿는다.

남편이 소파에 앉아 내내 몸이 아픈 내게 해맑은 목소리로 말한다.
"여보, 내가 지금 암의 전조 증상에 대해 보고 있는데 자기 아픈 증상이랑 다 똑같아."
안 그래도 심란한데 불난 집에 기름을 들이붓는다.

하나님…하나님?
그때 그 오빠 아니고 정말 쟤가 맞는 거예요?

지금은 그대의 때

우연히 개그맨 이경실과 가수 이지혜가 나눈 대화를 보게 되었다. 남편이 맘에 들지 않는다는 이지혜에게 이경실이 말했다.
"아내와 남편이 둘 다 잘되는 부부는 이 세상에 없어. 누군가가 더 잘되지? 그럼 그 사람이 이 사람 운까지 갖고 온 거야."

나는 내가 잘되고 싶었다.
아이들 키우고 집안일 하는 것도 물론 너무 중요하다는 걸 알지만, 10년이 넘도록 경력이 단절된 나를 보며 무언가 하고 싶다는 생각을 많이 했었다.
근데 그게 어쩌면 그저 단지 무언가를 하고 싶어서가 아니라 사람들에게 인정받고 싶은 건지도 모르겠다. 회사에서 인정받으며 승승장구하는 남편과 그런 아들을 자랑스러워하는 시댁에 내가 잘되는 모습을 보여 주고 싶었는지도.

그래서 마음이 조급했다.
더 나이 들기 전에 뭐라도 해야 할 것 같았다.
그런데 이경실의 말을 듣고 생각해 보았다.
내가 잘되고 남편이 회사에서 어려움을 당한다면 과연 나는 행복할 수 있을까?

아니. 행복하지 않을 것 같다.
주변에 힘든 사람이 있으면 나도 마음이 아프고 힘들다.
근데 가장 가까이 있는 남편이 힘들어하는 모습을 매일 본다면 결코 나는 행복하지 못할 것이다.
지금 내가 아이들을 잘 보살피고 마음 평안히 지낼 수 있는 건 남편이 회사생활을 잘하기 때문일지도 모르겠다는 생각이 든다. 그렇게 생각하니 빨리 내가 잘돼야 한다는 마음의 짐을 내려놓는다.
지금은 남편이 잘되고 퇴직 후엔 내가 잘되면 되니까.

밥을 먹는 남편에게 얘기했다.
"태어나서 자기가 가장 잘한 일이 뭔 줄 알아? 나랑 결혼한 거"
…?
가스라이팅 하지 말란다.
퇴직 후에 두고 보자. 나의 때가 올 테니.

나를 위해서

〈천국보다 아름다운〉 드라마가 종영되었다.
지옥에 관한 에피소드를 보면서 나라는 사람에 대해서 돌아보게 되었다. 나는 과연 지옥 가는 저들보다 나은 사람인지 내가 지은 잘못들은 없는지 생각해 보았다.
그러자 왜 그렇게 적나라하게 나의 잘못들이 수면으로 떠 오르는지 한동안, 아니 지금까지도 마음이 편치 않다.
어릴 때부터 부모님에게 못되게 굴던 것, 욕하던 것, 다른 사람들 비난한 것 진짜 셀 수도 없이 많이 떠올랐다.

얼마 뒤, 교회에서 친한 집사님 부부와 모임을 했다.
내게 요즘 어떻게 지내냐고 물으시길래 있는 그대로 얘기했다. "자꾸 제가 지은 잘못들이 너무 투명하게 드러나서 미치겠어요. 저는 쓰레기예요."
예상치 못한 나의 대답에 깜짝 놀라시며 도대체 무엇 때문에 그렇게 생각하냐고 물으신다.

남편을 존중해야 하는 걸 알면서도 안 되는 것, 아이들에게 화내고 짜증 내는 것, 매일 겪는 일상 속에서 부딪치는 반복적인 잘못들이 제일 크다고 말했다. 집사님이 그걸 알고 있는 것만으로도 대단한 거란다. 자기 부인은 남편을 존중해야 하는 그것조차도 모른다며 옆에 앉아 있는 아내를 쳐다본다.

자꾸 나의 잘못이 생각나는 걸 보니 고쳐야 하는 걸 알겠는데 그게 왜 그렇게 힘이 드는지 모르겠다.
어떨 때는 억울한 생각도 든다.
'왜 나만?' '왜 나만 고쳐야 해?'
'상대방이 먼저 변하면 나도 할 수 있는데.'
괜한 반항심이 생기기도 한다.

근데도 나는 지금보다 나은 사람이 되고 싶은가 보다.
반항심보다 잘못하지 말아야겠다는 생각이 더 크니 말이다. 이미 지은 잘못들은 지나갔으니 앞으로 지을 잘못들을 줄여 나가도록 노력해야겠다.
누굴 위해서가 아니라 오로지 나를 위해서.
더 나은 모습으로 살고 싶은 나를 위해서.

내가 나를 쓰레기라고 표현했더니 우리 남편 옆에서 고개를 저으며 사람이 너무 극단적이라고 한다.
아니야. 여보….
주말 동안 내가 속으로 자기 욕을 참 많이 했어.
많이….
조금씩 줄여 나갈게. 미안.

나는 나, 너는 너

〈미운우리새끼〉라는 텔레비전 프로그램에 윤시윤 배우가 나온 걸 보았다. 보면서 진짜 온갖 종류의 감탄사를 연발한 것 같다. MBTI에서 계획형인 J인데 J를 곱하기 100을 해도 될 정도였다. 가장 놀랐던 것은 자신이 정해 놓은 계획을 지키기 위해 온종일 알람을 맞춰 놓고 생활한다.
그리고 그것을 완벽하게 실행하기 위해 애를 쓴다.

나도 MBTI에서 J가 100%인 계획형 인간이다.
그런 나도 윤시윤 앞에선 명함도 못 내밀겠다.
왜 저렇게까지 할까 싶기도 하면서 조금 편하게 살아도 될 것 같다고 생각했었다.

그리고 다음 날, 신한은행을 가야 할 일이 생겼다.
우리 동네는 신한은행이 없다.

어쩔 수 없이 근처 신도시에 가서 은행 업무를 봐야지 생각하는 동시에 핸드폰 노트를 열어서 해야 할 일을 적는다.
'교회→신한은행→전주 콩나물국밥→세탁물 맡기기→과일 사기→아이스 바닐라라테 테이크아웃'
이걸 다 적고 보고 있는데 너무 행복해서 어깨춤이 절로 춰졌다. 이미 난 김치 콩나물국밥을 먹고 커피까지 야무지게 들고 오는 장면까지 그리고 있었다. 우리 남편은 매사에 이런 나를 보며 항상 이해가 안 된다고 했었다.
내가 윤시윤을 이해 못했던 것처럼.

근데 이제야 알겠다.
그도 나처럼 행복하겠구나.
그렇게 사는 게 남들이 볼 땐 너무한다 싶을지 모르지만
본인은 행복하고 만족하니까 그렇게 살 수 있는 게 아닐까?

정도의 차이가 있고 서로를 이해할 순 없지만
파워 J×100인 윤시윤도.
그보다 한참 하수인 나도.
아무 계획 없는 엉망진창인 우리 남편도.
각자의 삶 속에서 행복을 찾아 살고 있다.

그러니 다른 사람의 삶을 너무 깊이 생각할 필요는 없는 것 같다.
김치 콩나물국밥을 먹을 계획으로 오늘이 내내 행복한 나처럼 내가 좋아하는 것을 생각하며 살면 되지.

여름 휴가를 가야 하는데 우리 남편 아무 생각이 없다.
어디를 갈지, 언제 갈지, 무슨 옷을 입을지, 무얼 먹을지 미리 정해야 하는데.
아니 숙소부터 예약해야지!
신경질이 난다.
엄마네로 갈까 보다.

사랑에서 우정으로

나는 머리 자르는 걸 싫어한다.

싹둑 머리를 자른 내 어색하고 못생긴 얼굴이 싫다. 그렇다고 계속 기르자니 조금만 길러도 목이 답답해서 당최 기를 수가 없다. 버티고 버티다 결국 5개월 만에 미용실을 갔다.

남편은 파마한다고 해서 같이 갔는데 아니나 다를까 머리가 짧아진 나를 보더니 북한 여자 같다며 못생겼단다.

지는 파마하면 항상 초코송이가 되는 주제에 누가 누구한테 못생겼다고 하냐고 신경질을 냈다.

상한 마음이 남아 있었는지 저녁에 사소한 문제로 크게 다퉜다. 그래서 다음 날 주일예배도 따로 드렸다.

초코송이 옆에 앉기 싫어서.

혼자 앉아 예배를 드리는데 앞에 앉은 커플을 보게 되었다. 커플링인지 결혼반지인진 모르겠는데 둘 다 똑같은 반지를 끼고 손을 꼭 잡고 있다.
서로 바라보는 눈빛엔 꿀이 뚝뚝 떨어진다.
그 모습을 보고 있자니 우리에게도 저런 시절이 있었나 싶다. 지겹도록 싸운 기억만 나는 것 같지만, 아니었다.

매일 전화해도 할 말이 많아 끊지 못하고 뜨거운 전화기를 붙잡고 있었던 그 시절.
일이 끝날 때면 항상 주차장에서 나를 기다리고 있는 그 때문에 설렜던 나.
더운 날씨에 손에 땀이 흥건해져도 놓지 않던 두 손.
너무 좋아서 만날 때마다 헤어지는 게 아쉬웠던 수많은 밤들이 우리에게도 있었다.

야속한 세월 탓인지. 마음이 식어 버린 건지.
아니면 각자의 삶에 너무 찌들어 버린 건지 모르겠다.
다시 그렇게 사랑할 수 있을까 생각해 보면 못할 것 같다.
지금은 설레는 감정보단 편안함이 좋고, 온종일 붙어 있는 것보단 각자의 시간이 필요하다.
나이 들수록 부부는 사랑이 아니라 의리로 산다던데 그 말이 맞는 것 같다.

지금 우리는 의리로 살고 있으니.

결혼을 통해 나는 지금 한 사람과 사랑을 지나 우정을 함께 나누고 있다. 아마 이 시간이 지나고 서로 기력이 다하면 또 다른 감정으로 살지도 모르겠다.
연민 같은?
그러니 초코송이와 절교하지 않을 거면 인제 그만 화해를 해야겠다. 뜨거운 사랑의 감정들이 지나간 것처럼 언젠간 이 미움의 감정들도 다 지나갈 테니 말이다.
이토록 마음 넓은 북한 여자라니.

20주년 선물

내 나이 25살, 그의 나이 24살.
우리는 교회에서 만났다.
나는 셀 리더, 그는 셀 원.
막 군대를 제대하고 온 그는 정말 까맣고 못생겼다.
셀 리더는 셀 원들을 다정하게 챙겨야 한다.
나는 다른 셀 원들을 대하듯 그를 대했는데 그는 아니었나 보다.

내가 좋단다.
아니라고 했다. 나 말고 더 좋은 여자를 만나라고.
그렇게 거절의 의사를 밝혔는데 그때부터 내가 가는 곳마다 그가 있다.
수요 예배, 금요 예배, 주일 예배, 저녁 예배.
어딜 가든지 나를 따라온다.
이렇게 좋다는데 한번 만나 보지 뭐.
그렇게 우리의 만남이 시작되었다.

만난 지 얼마 안됐을 때 그에게 할 말이 있다고 했다.
궁금한 표정으로 나를 쳐다보는 그에게 내가 살아왔던 지난날을 하나도 숨김없이 이야기했다.
평범하지 않은 가정에서 살아왔던 정말 꺼내기 싫은 이야기들을. 혹여라도 모른 상태에서 만남이 지속되다 결혼이라도 하게 되면 그때 가서 문제가 될까 싶어서였다.
이런 나라도 괜찮냐며 울면서 묻는 나를 끌어안으며 우리는 좋은 부모가 되자며 함께 울던 그였다.

그렇게 6년을 만나고 우리는 부부가 되었다.
결혼 후 얼마 뒤 남편의 이직으로 가족, 친척, 직장, 친구들이 있는 고향을 떠나 아무것도 없는 시골로 내려갔다.
문을 열면 논과 밭뿐이던 이름도 생소한 시골에서 8년간 아이를 키웠다. 내가 그곳에서 아는 유일한 사람이었던 남편은 힘들다고 외롭다고 아무리 얘기해도 귀를 막은 듯 듣지 않았다.

임신하고 입덧을 할 때도 시댁에서 토하면서 일을 했다.
만삭 때 배에 물 튀겨 가며 혼자 설거지를 하는 동안 남편과 시댁 식구들은 거실에 앉아 과일을 먹었다.
어머님은 귀한 아들을 나 같은 여자에게 준 것이 내내 못마땅한 눈치였다. 엄마는 내게 넌 아빠도 없고 별 볼 일 없으니 시댁에 무조건 잘하고 다 참으라고 했다.
서러움에 북받쳐 울던 날들이었다.

다툼이 있을 때마다 어떤 말이 내게 가장 큰 상처가 되는지 남편은 너무 잘 알았다. 마치 작정하고 '내가 너의 가슴에 대못을 박아 버릴 거야'라는 얼굴로 아무렇지도 않게 말했다.
"네가 그런 환경에서 살아서 성격이 이상한 거야."
"너보다 더 좋은 환경의 순종적인 여잘 만났어야 하는데."
몇 번을 들어도 괜찮지 않은 말들을 몇 번이고 한다.

좋은 환경에서 부족함 없이 부모님의 넘치는 사랑과 기대를 받으며 살았던 남편이다. 정반대의 환경에서 살아온 나의 희생과 노력을 어쩌면 당연히 여겼을 수도 있겠지만 당연한 게 아니었다. 내 삶을 다 포기했던 건 오로지 가족의 행복을 위해서였다. 우리 아이들은 나와 같은 환경 속에 살게 하지 않겠다는 굳은 의지였다. 그런 내게 넌 순종적이지 않다는 말을 아무렇지도 않게 내던지는 그다.

얼굴에 대상포진이 오고, 유방암에 걸렸다.
남편에게 원망이 차올랐다.
시댁에서 하녀처럼 혼자 일할 때 왜 너는 아무것도 안 했냐고. 그렇게 일한 내게 미안하다 고생했다 한마디 한 적 있냐고. 사람 만나는 거 좋아하고, 밖에 나가야 하는 사람인 거 알면서 시골에 처박아 두고 모른 체하면 어떡하냐고.
힘들다고 말하면 진짜 힘든 건데 왜 귓구멍을 막고 사냐고. 내가 이렇게 된 건 다 너 때문이라고 악을 쓰며 울었다.

미안하단다.
'암'이라는 단어가 남편에게도 충격적으로 다가온 모양이다. 두 딸을 두고 내가 떠나면 홀아비가 될까 걱정이 됐을지도.
왠지 조금씩 변하는 것 같았다.
내 말에 귀 기울이는 것 같았다.
좋은 남편이 될 것만 같았다.

하지만 사람은 고쳐 쓰는 게 아니다.
사람은 변하지 않는다.
얼마 지나지 않아 남편은 예전 모습 그대로 돌아왔다.
여전히 바쁘고 여전히 손 하나 까딱 않고 여전히 본인의 삶만 중요하다. 가끔 욱해서 내게 내뱉는 말들엔 아직도 가시가 있다. 그러나 이젠 그냥 그러려니 한다.

그건 순전히 나를 위한 것이다.
싸워 봤자 나만 힘들 걸 알기 때문이다.

변하지 않는 것에 집착하는 대신 나 자신의 행복에 집중하기로 했다.

올해로 우리가 만난 지 20년이 되었다.
20주년 기념으로 뒤통수를 한 대 갈겨야겠다.
정신이 혼미해질 정도로 말이다.
그동안 쌓였던 내 울분이 뒤통수 한 대로 날아간다면 꽤 괜찮은 거래일 수도.
"야! 너! 이리 좀 와 봐. 누나한테 한 대만 맞자!"

유전자의 힘

둘째 아이 목욕을 시키는데 오른쪽 발가락이 조금 이상하다는 걸 발견했다. 네 번째 발가락이 유난히 짧았다.
왼쪽 발가락은 '도레미파솔' 순차적으로 짧아지는데,
오른쪽 발가락은 '도레미솔솔' 같은 느낌이랄까?

걱정스러운 마음에 인터넷 검색을 하기 시작했다.
'단지증'이라는 병명이고 주로 엄지 및 약지 발가락에 흔히 나타난다고 한다. 검색하면 할수록 수술까지 해야 하는 건 아닌가 싶어 마음이 무거워지기 시작했다.
다른 아이들도 이런 경우가 있는지 찾아보면서 며칠을 호들갑을 떨었다.

그러다 우연히 내 오른쪽 발가락을 보았다.
"응? 뭐지? 왜 발가락이 짧지? 언제부터 짧았지?"

자라다 만 네 번째 발가락이 내게도 있었다.
그 순간부터 마음이 날아갈 듯 가벼워졌다.
지금까지 살면서 난 나의 네 번째 발가락이 짧은지도 몰랐고 짧아서 불편한 것도 없었다.
여름이면 샌들도 잘 신고 다녔다.

'도레미솔솔' 같은 내 오른쪽 발가락을 빼다 박게 만든 유전자의 힘이란 정말 대단하다.
별걸 다 닮는다.
눈 씻고 찾아봐도 잘난 것 하나 없는 나지만, 그래도 자식만큼은 예쁘고 잘난 것만 닮았으면 좋겠나 보다.

그렇지만 괜찮다.
내가 지금껏 모르고 살았듯이 우리 아이도 모르고 살면 되니까. 그렇게 걱정을 내려놓으니 나를 쏙 빼닮은 아이의 네 번째 발가락이 너무 사랑스럽다.

상처

주일 아침 교회에 가야 하는데 둘째 아이가 뭉그적거리고 있다. 이유인즉슨 앞머리 때문이었다. 눈이 덮이도록 길 때까지 안 자른다고 고집 피우는 아이를 미용실에 억지로 데리고 가서 앞머리를 잘랐다. 훌쩍 짧아진 앞머리를 보면 교회 선생님들이 웃으며 귓속말을 한다는 것이다.

아이가 귓속말에 예민한 건 아마도 예전에 어린이집에서 있었던 일 때문일 거다. 그때 친구들이 아이 앞에서 서로 귓속말하며 다 들리도록 우리 아이와 놀지 말라고 했었다.
그 일은 아이에게 큰 상처가 되었다.
그 뒤로 누군가 귓속말을 하면 다 본인 얘기를 한다고 생각하는 것 같았다.

처음에는 다정하게 어르고 달래 주었다.

그런데도 느림보 굼벵이처럼 움직이는 아이를 보고 있자니 점점 화가 머리끝까지 차오르고 있었다. 결국은 참지 못하고 폭발해 버렸다. 아이에게 화를 내고 차에 억지로 태웠다.
펑펑 우는 아이를 보며 어떤 말을 해 줘야 하나 고민하다 말을 건넨다.

"아무도 네 앞머리에 신경 쓰지 않아. 선생님들이 귓속말하는 건 네 얘기를 하는 게 아니야. 예배 시간에 떠들면 안 되니까 조용히 귓속말로 예배에 필요한 대화를 하시는 거야. 엄마도 교회 선생님을 하잖아. 근데 엄마는 엄마 반 언니, 오빠들이 너무 사랑스러워. 뭘 해도 다 이뻐. 머리가 짧든 길든 어떤 옷을 입었든 그냥 다 너무 예뻐서 칭찬만 해 주고 싶어. 너의 선생님들도 엄마랑 같은 마음일 거야. 네가 어떤 모습이든 너무 예쁘고 사랑스러울 거야."

아이가 이해했는지 안 했는지 모르겠지만 일단은 그렇게 말하고 안 가겠다는 아이를 등 떠밀어 보냈다.
예배가 끝나고 아이를 보니 기분이 풀린 것 같았다.
선생님들이 자신의 앞머리를 보고 너무 귀엽다고 했다고 한다.

어리다고 내가 하는 말들은 이해하지 못할 거라고 생각했던 나의 착각을 반성했다. 또 어리다고 상처가 저절로 사라지는 건 아니라는 것도 알게 됐다.

그러니 부모는 아이를 상처받게 만든 그 행동을 하는 모든 사람이 다 나쁘지 않다는 것을 알려 줄 필요가 있는 것 같다.
어리다고 덜 상처받고 금방 아문다고 생각하지 말아야겠다.
상처는 어른도 아이도 모두 아프고 힘든 거니까.

아이 하원을 시키는데 어린이집 선생님이 말했다.
"어머님~ 앞머리 집에서 어머님이 잘라 주셨나 봐요. 너무 귀여워요~."
미용실에서 3,000원 주고 깎았는데 다시는 그 미용실은 가지 말아야겠다.

너는 좋겠다

밤에 자려고 누웠는데 잠이 오지 않는다.
갑자기 창문 너머로 반짝거리는 불빛과 함께 큰 소리가 들린다. 술 취한 어떤 사람을 경찰이 집으로 데려온 것 같다.
멈추지 않고 들리는 아저씨의 큰 소리에 나의 심장 박동 수가 점점 빨라졌다.

6년.
엄마, 아빠, 나 오롯이 우리 셋이 함께 살았던 기간이다.
하루가 멀다고 아빠는 술에 취해 들어왔다.
크게 소리를 지르고 물건을 부수며 엄마를 때렸다.
그럴 때마다 난 이불을 머리끝까지 뒤집어쓰고 자는 척하거나 방 뒤의 작고 캄캄한 베란다에 숨어 있었다.
귀를 막고 최대한 움츠린 채 아빠가 잠들기만 기다렸다.
6년 내내 아빠가 걸어 올라오는 발걸음 소리만 들려도 심장이 두근대며 두려움이 몰려왔다.

그때의 두려웠던 기억 때문인지 지금도 나는 술에 취한 사람이 소리 지르거나, 무언가를 던지는 큰 소리가 들리면 심장이 빨리 뛰며 식은 땀이 난다.

인생에서 내가 선택할 수 없는 것 중 하나가 부모다.
누군들 좋은 부모 밑에서 태어나고 싶지 않겠는가.
그러나 나의 노력으로 바꿀 수 없는 상황에 좌절하지 않아도 될 이유는 비록 내가 좋은 부모를 만나지 못했어도 내 아이들에겐 좋은 부모가 될 수 있기 때문이다.

어릴 적 내가 원했던 엄마의 모습으로 살고자 애쓴다.
내가 상처받았던 수많은 기억을 통해 우리 아이들은 같은 상처를 겪게 하지 않으려 노력한다.
그래서 훗날 우리 아이들의 기억 속에 나는 좋은 엄마로 기억되면 좋겠다. 또한 언젠가는 엄마가 될 우리 아이들에게서 엄마 같은 엄마가 되고 싶다는 말을 들으면 더할 나위 없겠다.

빨래를 개키면서 곁에 있는 아이에게 너스레를 떨며 얘기한다.
"너는 좋겠다. 내가 엄마라서. 나도 나 같은 엄마가 있었으면 좋겠다."

엄마가 없어서

'꿀통'

둘째 아이의 또 다른 이름.

태어날 때부터 예민했었다.

오죽하면 조리원에서 아이가 예민하다고 대놓고 내게 말했다. 조금 먹고, 조금 자고, 징징댄다며.

집에 와서는 8개월을 울었다.

도대체 왜 우는지 알 수가 없었다.

밥을 먹여도, 안아 줘도, 기저귀를 갈아 줘도 계속 울어 댔다. 사람은 또 어찌나 들들 볶아 대는지 같이 있으면 진이 다 빠졌다. 그런 아이를 보고 남편도 고개를 저어 대며 꿀통이라 불렀다.

그런데 그랬던 아이가 크면서 조금씩 사람다워진다.

눈치도 있고, 감수성도 풍부하고, 상대방의 아픔도 공감할 줄 아는 것이 꼭 나를 닮았나 보다.

한 날은 아이가 제일 좋아하는 스파게티를 해 주고 운동을 하러 갔다. 집에 돌아와서 아이와 마트를 가면서 스파게티 맛있게 먹었냐고 물으니 맛이 없어서 다 남겼다고 한다.
왜 맛이 없었냐고 하니 엄마가 없어서 맛이 없었다고 한다. 아이의 사랑스러운 말에 나도 모르게 미소가 지어진다.

무자식이 상팔자라는데 언젠간 나도 그 말에 맞다고 맞장구치며 공감할 날이 오겠지만 지금은 그저 아이의 말 한마디에 행복해하는 딸 바보가 된다.
조금 더 자라면 엄마가 있어서 맛이 없다는 얘기가 나올 수도 있으니 그날이 오기 전까지 온 맘 다해 아이를 사랑하고 사랑받아야겠다.

속으로 말해요

첫째 아이가 일어나서 밥을 먹으려고 식탁에 앉더니 국에 파가 들어가서 싫다며 아침부터 짜증을 낸다.
요즘 아이가 싫다는 말과 짜증 난다는 말을 숨을 쉬듯 하고 있다.
학교는 누가 만들었냐며 짜증.
수학은 왜 배우냐며 짜증.
공부는 도대체 왜 해야 하냐며 짜증.
이것도 싫고, 저것도 싫고, 다 싫다고 난리.
사춘기니까 이해하자 해도 짜증 내며 싫다는 소리를 계속 듣고 있노라면 어떨 땐 나도 같이 짜증이 난다.

아침부터 싫다는 소리를 해 대는 딸에게 싫다는 얘기를 마음속으로 하라고 했더니 왜 그래야 하냐며 반문을 한다.
그래서 엄마도 짜증 나고 하기 싫은 일 많지만 속으로 얘기한다며 속으로 얘기 안 하고 너처럼 다 말해도 되냐고 묻고 나서 내 마음속 얘기를 쏟아 낸다.
"밥하기 싫어.
설거지하기 진짜 싫어.
청소하기 너무 싫어.
도대체 집안일은 왜 이렇게 많아 짜증 나게.
아니 쟤들은 왜 저렇게 정리를 안 해 짜증 나게.
왜 맨날 싸워 짜증 나게!"

속사포처럼 쏟아 내고 나서 아이에게 물었다.
엄마가 하는 말이 듣기 좋냐고.
멍해진 표정으로 나를 보며 듣기 싫다고 말하는 아이에게 나도 마찬가지로 네가 맨날 그렇게 얘기하면 듣기 싫다고 얘기했다. 아이가 알았다며 고개를 끄덕인다.

학생의 본분은 공부고 주부의 본분은 집안일과 아이들을 돌보는 건데 좋아서 하는 사람이 얼마나 될까 싶다.
그러니 아이가 짜증 나고 싫은 거 백번 이해하니 열에 두세 번 정도만 속으로 얘기하면 좋겠다는 생각이 들었다.
자신의 부정적인 감정을 매번 드러내기보단 곁에 있는 상대방에 대한 배려도 필요하다는 것을 알면 좋겠다.
그게 가족이라도 말이다.

속으로 말하자 딸아.

안 그러면 엄마도 맨날 내 속에 있는 얘기 다 할 거야.

너희가 있어서 다행이야

주말부부를 하고 있을 땐, 월요일부터 금요일까지 혼자 모든 일을 해야 한다. 그러다 보니 월요일엔 괜찮았던 체력이 금요일쯤 되면 방전이 된다.
그런데 금요일에 오후 8시면 온다는 남편이 10시가 넘어서 퇴근한다고 얘기한다. 남편이 오면 아이 목욕도 시키고, 책도 읽어 주고, 양치질도 해 주면 나는 좀 쉴 수 있겠다 싶은 생각이었다. 그런데 먼저 자라는 소리에 자기 전 주변에 정리할 것들과 챙겨야 할 것들을 보니 기운이 쫙 빠진다.

정리가 끝이 없다.
아이들이 먹은 것, 입은 것, 놀던 것, 심지어 공부하던 것도 정리하고 제자리를 찾아 주는 게 전부 내 몫이라 월요일에 괜찮았던 것들이 금요일이 되니 화가 난다.

어떻게 해야 하나 생각하다 두 딸을 앉혀 놓고 얘기를 한다. "얘들아, 아빠 없이 엄마가 모든 걸 혼자 해야 하는데, 그럼 엄마가 힘이 들까 안 들까? 힘이 들겠지? 그럼 어떻게 하면 좋을까?"
아이들이 나를 쳐다보면서 도와줘야 한다고 말을 한다.
"맞아! 너희가 엄마를 도와줘야 해. 엄마가 힘들면 짜증 나고 작은 일에도 화가 나. 엄마는 너희한테 화내기 싫어."
그렇게 얘기하면서 금요일이 제일 힘들다는 말도 했다.
그냥 솔직하게 내 감정과 생각을 얘기했다.

물론 아이들이 내 말을 완전히 이해할 순 없겠지만, 나는 누군가의 도움이 필요했고 나를 도와줄 수 있는 건 아이들뿐이었다.
집안일에 지쳐 영문도 모른 채 화를 내는 엄마를 보는 것보다 아이들에게 지금 내가 힘들다는 것과 도움이 필요하다는 것을 말하는 것이 낫다고 생각했다.
혼자 모든 걸 다 하려 하지 말고 아이들이 도와줄 수 있는 것들은 구체적으로 어떻게 해 줬으면 좋겠는지를 아이들에게 얘기해야겠다.

아이들이 있어서 힘들지만
아이들이 있어서 다행이다.

다 때가 있구나

날씨가 따뜻해지니 팝콘처럼 벚꽃이 몽실몽실 피어난다.
만개한 벚꽃이 바람에 흩날릴 생각을 하니 벌써 기분이 좋아진다.

초등학교 입학한 아이가 생각보다 의젓해서 놀랐다.
얼마 전까지만 해도 아는 사람을 만나도 인사도 잘 못하고 묻는 말에 대답도 못했었다.
말을 할 때도 개미 목소리 같았다.
그런 아이의 성격을 다 아는 가족들도 과연 초등학교 가면 잘 적응할까 걱정했었다.
그런데 웬걸 혼자서 알아서 척척 잘 해낸다.
그 모습을 보니 언제 이렇게 컸나 싶었다.

다 때가 있는가 보다.
그때를 나는 기다리지 못했다.

아이는 천천히 걸어가고 있는데 나는 뛰어서 빨리 가기를 바랐었다.
그래서 그렇게 하지 못하는 아이가 답답했고 걱정스러웠다.

아이도 알았을 것이다.
자신을 바라보는 어른들의 걱정스러운 눈빛을 말이다.
그런데도 아이는 자신만의 속도로 성장했고, 전혀 기대감이 없었던 우리에게 보란 듯이 잘 적응해 가고 있다.

참 기특하다.
그리고 미안하다.
잘할 수 있을 거란 용기를 주지 못하고 걱정만 했던 엄마여서 미안하다.

벚꽃이 피고 지는 때가 있듯이
아이도 성장하는 데 다 때가 있음을 깨닫게 된다.
모든 건 다 때가 있나 보다.

나의 뒷모습

두 아이가 커 가면서 내가 아프다는 게 꽤 신경이 쓰이는 일인 것 같다. 수술했을 당시에는 둘 다 지금보다 어렸고 그래서 내가 아프다는 인식을 잘 못했다.
그래서인지 마냥 해맑았었다.
그런데 얼마 전부터 엄마 아빠 중에 누가 먼저 죽냐고 물어본다. 소원을 적을 땐 부모님의 건강을 적기도 하고 본인들이 할머니 될 때까지 엄마는 죽지 말라는 얘기도 한다.

내가 수술을 하고 체력이 많이 떨어졌다.
그러다 보니 가끔 크게 아프다.
그때마다 아이들에게 엄마란 나의 존재가 없어질 수도 있다는 생각이 들면서 슬프고 불안한 감정이 들었나 보다.

항상 둘째 아이 어린이집을 데려다주며 문 앞에서 인사를 하고 나는 다시 걸어가는데 아이가 몇 번 내가 걸어가는 걸 봤다고 했었다.
오늘 그 말이 문득 떠올라 길을 가다 뒤를 돌아보니 이 층 올라가는 계단 창문에서 나를 바라보고 있는 아이를 발견한다.

그 모습에 갑자기 내 마음이 뭉클해진다.
가지 않고 계속 나를 보며 서 있는 아이에게 손을 크게 흔들며 들어가라고 손짓을 하니 그제야 계단을 올라간다.
그동안 아이는 매일 이렇게 걸어가는 엄마의 뒷모습을 보고 있었나 보다.
내가 뭐라고….
나같이 부족한 사람을 엄마로 둔 게 나는 항상 미안한데 그래도 엄마라고 사랑해 주는 아이 때문에 살아갈 힘을 얻는다.

그 엄마가 아프지 않고 오래 살았으면 좋겠다고 하는 아이들의 바람을 꼭 들어주기 위해 건강해지도록 노력해야겠다고 다짐한다.
그리고 앞으로는 아이가 내 뒷모습을 보지 않고 내가 아이의 뒷모습이 보이지 않을 때까지 인사를 해야겠다.

사춘기

중학교 3학년.

사춘기가 너무 심하게 와서 고등학교 진학을 포기하려 했었다. 엉망진창으로 망가져 가던 나를 담임선생님이 끝까지 포기하지 않으시고 결국엔 인문계 고등학교로 보내 주셨다.

무의미한 고등학교 생활 중, 학교 내에 댄스동아리가 있다는 걸 알게 되었다. 당차게 혼자 오디션을 보러 갔다. 삐걱거리는 몸으로 나름대로 최선을 다해 춤을 추었다.

여기저기서 웃음소리가 터져 나왔다.

떨어졌다고 생각하고 있을 찰나에 합격했다는 소식을 들었다. 그때 얼마나 좋았던지 펄쩍펄쩍 뛰며 기쁨을 눈물까지 흘렸더랬다.

그렇게 형편없는 실력으로 댄스동아리의 일원이 된 나는 교복 치마 안에 늘 체육복을 입고 틈날 때마다 춤추면서 고등학교 3년 내내 신나게 놀았다.

이제 와 생각해 보니 그렇게 좋아하는 것을 하며 놀 수 있어서 부정적인 감정의 에너지가 그나마 다른 곳으로 많이 터지지 않았던 것 같다.

첫째 딸아이가 교회 찬양팀에 들어가고 싶다고 한다.
춤을 추는 거 보니 나보다 더 삐거덕거린다.
남들보다 빨리 찾아온 사춘기에 한없이 예쁘고 다정했던 딸의 변해 가는 모습을 그저 안타까운 마음으로 보고 있을 수밖에 없었다. 그런 상황 속에 무언가를 하고 싶다는 딸의 바람은 반갑기 그지없었다.

아이에게 앞으로 태풍처럼 커질 사춘기의 감정들을 내가 감당하기 힘들고 이해할 수 없다 느낄 때 나는 내 사춘기 시절을 상기시켜야 할 필요가 있다.
누구보다 더 지랄 맞고, 누구보다 더 망가지고, 누구보다 더 꼴통이었던 나의 그 시절은 결코 우리 딸아이가 이길 수 없을 것이다.
그러기에 아이의 어떤 모습에도 실망하거나 포기하지 말고 그저 든든한 나무처럼, 울타리처럼 있어 줘야겠다.

너와 함께라면

간만에 비가 왔었다.

오전에 조금씩 내리던 비가 둘째 아이를 데리러 갈 때쯤엔 꽤 많이 내렸다.

내가 점심을 먹지 않아 아이를 데리고 집 근처에 있는 좋아하는 비빔밥집에 가서 돌솥비빔밥을 시켜 먹었다. 아이는 내 앞에서 조잘대며 젤리를 먹고 나는 창가에 앉아 내리는 비 한 번 보고, 아이 한 번 보고 비빔밥을 먹는데 갑자기 말도 안 되게 행복해졌다.

비빔밥은 너무 맛있고, 아이는 너무 사랑스럽고, 빗소리는 너무 듣기 좋았다. 그래서 그냥 지금, 이 순간이 멈췄으면 좋겠다는 생각까지 들었다.

아이가 더 크면 굳이 데리러 가야 하는 번거로움이 사라지겠지만 그렇게 되면 아이와 함께하는 이런 시간도 없어지겠구나 싶은 생각이 드니 왠지 아쉬운 마음이 들었다.
그래서 아이에게 매주 월요일마다 엄마랑 같이 비빔밥 먹으러 오자고 말했다. 오늘처럼 손잡고 마트에 가서 젤리 한 봉 사고 비빔밥집에 가서 맛있게 늦은 점심을 먹고 다시 손잡고 집에 가자고.

엄마가 데리러 오면 좋겠다는 아이의 바람이 그동안은 귀찮게만 느껴졌었는데 아이와 함께 할 수 있는 이 작은 일상의 행복을 깨달았으니 이젠 즐겁게 데리러 갈 수 있을 것 같다.

어쩌면 반복되는 평범한 일상이겠지만 매일 키가 자라고 마음이 자라는 아이와 함께하기에 매일이 새롭게 느껴지지 않을까 싶은데.
이 마음이 내리는 비 때문에 기분이 좋아 드는 잠시 잠깐의 마음이 아니어야 할 텐데….
일단 비 안 올 때 다시 한번 해 보는 게 필요할 것 같다.

아직은 함께

남편이 처음 회사에 들어갔을 때 사수로 있던 선배 가족을 만나고 왔다. 우리도 딸 둘, 선배네도 딸 둘인데 사춘기라 안 따라온다고 해서 두 분만 오셨다.
우리 딸들을 보더니 그래도 같이 온 거 보니 사춘기가 아직은 덜한가 보다 하신다. 자기네 두 딸은 밥 먹을 때 아니면 얼굴 보기가 힘들다며.
그러더니 우리 아이들에게 꿈이 뭐냐 묻는다.
첫째는 배우, 둘째는 화가라고 했더니 너네는 그래도 꿈이 있구나 하신다. 그러면서 자기 첫째 딸은 꿈이 기린이라고.

기린.
사춘기가 온 아이에게 고모가 꿈이 뭐냐고 물었는데 기린이라고 해서 고모가 당황했는데 당황한 티를 안 내려고 노력하셨단다.
대화 내내 기린이 떠나질 않았다.
'꿈이 꼭 뭐가 되야 꿈인가. 꿈이 있다는 게 어디야.'

그게 기린일지라도.
나는 중, 고등학교 내내 죽고 싶은 게 꿈이었는데.
나보다 훨씬 낫네.'

앞으로 더 극심해질 사춘기가 우리 딸들의 꿈을 어떻게 바꿀지 모르겠지만 기린 때문에 나의 허용범위가 굉장히 넓어졌다. 두 딸에게 극심한 사춘기가 다가오면 온갖 고성과 다툼이 난무할 거라 예상했던 깜깜한 암흑 속 내 세상에 갑자기 기린이 빼꼼히 얼굴을 들이민다.
어둠이 걷히고 동화가 되는 듯한 느낌이다.

인생 선배를 만나니 삶이 한결 가벼워졌다.
아이들에 대해 모든 걸 해탈하고 두 분이 재밌는 걸 찾아다니신단다.
애들 없이 둘만 다니는 게 오히려 속 편하고 더 좋다며.
조만간 남편과 내게도 그런 날이 올 것이다.
그럼 우리도 그렇게 살면 된다.
아이들과 함께할 수 있을 땐 함께 행복하고
아이들이 없을 땐 또 없는 데로 우리끼리 행복하고.
이래저래 행복할 수 있는 길은 있다.

아직까진 따라는 와 줘서 함께할 수 있으니 그걸로 감사.
따라와서 핸드폰 하는 건 안 감사.

나는 봄, 너는?

봄이 왔다.
둘째 아이에겐 불청객이 찾아온 것 같다.
첫째 아이의 사춘기가 점점 심해지고 있는데 둘째 아이도 심상치가 않다.

말투와 눈빛이 변했다.
내가 한 마디를 하면 열 마디를 한다.
엊그제도 어지른 걸 치우라고 몇 번을 얘기해도 들어먹질 않아 결국은 고성이 나왔다. 아이에게 왜 도대체 안 치우냐고 화를 냈더니 되레 나한테 따져 드는데… 무슨 랩 하는 줄 알았다. 울면서도 숨도 쉬지 않고 얼마나 빨리 얘기하는지 순간 초딩랩퍼인 줄.

핸드폰을 하지 말란 아빠의 말엔 "내 마음이야!" 소리친다.
아빠한테까지 대드는 걸 보니 안 되겠어서 한 소리 했다.

"핸드폰을 사 준 것도 아빠고, 네가 누리고 있는 모든 게 다 아빠 덕인데 아빠한테 그렇게 싸가지 없게 얘기하면 어떻게 해!" 역시나 들은 척도 하지 않는다.

하기야….
봄바람에 싱숭생숭한 내 마음을 나도 어쩔 줄 모르겠는데 갑자기 찾아온 사춘기에 짜증 나는 아이의 마음을 내가 어찌할 수 있으랴.

봄이 왔다.
내 마음엔 봄바람이 살랑
아이들 마음엔 온통 짜증과 불평으로 가득
남편 마음은… 레고?

몇 번의 봄이 지나야 우리 모두의 마음에 봄바람이 살랑댈지 모르겠지만 일단은 내 마음엔 봄바람이 살랑대니 그걸로 만족하기로 했다.
내가 갱년기가 아닌 게 얼마나 다행인지 모르겠다.
누구 하나라도 이 봄을 느낄 수 있으니 말이다.

아이들 기도를 매일 하는데 둘째 아이 기도를 하다가 나도 모르게 그동안 하지 않았던 기도가 툭 튀어나왔다.

"하나님, 쟤 싸가지 좀 있게 해 주세요."
솔직하고 직설적인 아주 만족스러운 기도였다.

역지사지

교회 금요 철야 예배를 드리고 주차장으로 향하는 길이 아주 어두웠었다. 바닥에 있는 장애물을 보지 못한 내가 넘어졌다. 진짜 너무 세게 넘어져서 무릎이랑 손바닥이 얼얼하고 아팠는데 남편이 괜찮냐 한마디 묻질 않는다.
그러면서 호들갑 떨지 말란다.
그래도 사람이 넘어졌는데 와서 손잡아 일으켜 주지는 못할망정 쳐다보지도 않고 혼자 차에 타 버렸다. 서운하다 못해 화가 나서 씩씩대고 앉아 있는데 갑자기 둘째 딸 생각이 났다.

어릴 적부터 지금까지 자주 넘어진다.
어릴 때야 넘어지면 쏜살같이 달려가서 흙도 털어 주고 안아 주고 달래 줬었다.
그런데 요즘은 신경도 안 썼다.
많이 넘어지니 그런가 보다 하며 아이를 쳐다보지도 않고 내 할 일 하면서 "괜찮으니까 얼른 일어나"라고 했었다.

넘어지니 이렇게 아픈데.

괜찮냐고 걱정스레 물어봐 주지 않는 남편 때문에 이렇게 속이 상한데 고작 10살 된 아이는 어땠을까 싶은 마음이 들었다.

많이 아팠을 텐데….

대수롭지 않다는 듯이 괜찮다는 엄마의 말에 아픈데 울지도 못하고 꾹 참았을 아이를 생각하니 미안함이 몰려온다. 자주 넘어진다고 안 아픈 게 아닌데 무뎌진 나의 감정과 반응이 아이에게 참 속상했겠구나 싶었다.

아주 잘 넘어졌다.

까진 손바닥과 무릎의 상처를 통해 그동안 아이에게 무심했던 나의 행동을 돌아보고 더 나은 엄마가 될 수 있게 해 준다. 넘어진 나를 신경도 안 쓴 남편 덕에 깨닫는 것이니 화를 누그러뜨려야겠다.

그래도 꼴 미우니 마음의 빠른 평안을 위해 기도한다.

"하나님, 그동안 제가 아이에게 잘못된 행동을 하고 있단 걸 역지사지의 경험을 통해 알게 하시니 감사합니다.

부디 저의 남편도 똑같은 경험을 할 수 있게 해 주세요.

넘어져서 피 철철 까지는 아니더라도 저보다 더 세게 넘어지게 해 주세요. 부부는 일심동체니까요."

집에서도

잠을 한숨도 못 잤다.
자는 둥 마는 둥 하고 일어나 새벽기도를 다녀왔다.
부산하게 아이들을 등교시키고 집안을 정리하고 나니 기력이 다 빠져서 손가락 하나 움직일 힘도 없었다.
밥도 먹지 않고 그대로 침대에 쓰러져 2시간을 내리 잤다.
그러고 나니 아이 올 시간이 되어 부랴부랴 씻고 옷을 갈아입었다. 열심히 공부하고 집으로 돌아온 아이에게 씻지도 않고 어제 입던 잠옷을 입은 엄마의 모습을 보여 주고 싶지 않았기 때문이다.

뮤지컬 배우 겸 성악가인 김소현 님은 남편에게 민낯을 거의 보여 주지 않는다고 한다. 남편이 잠들면 씻고 남편이 일어나기 전에 화장한다는 것이다.
아마 모르긴 몰라도 집에서 예쁜 옷도 입고 있을 것이다.
드라마에 나오는 배우들이 집에서도 완전한 화장에 드레스를 입고 있는 것처럼.

위아래가 전혀 어울리지 않는 너무 편한 옷차림에 화장기라고는 전혀 없는 어두컴컴한 내 얼굴과는 사뭇 다른 모습이다.

어쨌든 김소현 님이나 드라마 주인공처럼 매일 화장하고 예쁜 옷을 입지는 않더라도 적어도 말끔한 모습으로 아이를 맞이하고 싶었다. 그래서 웬만하면 정말 몸이 아픈 날 빼고는 내내 폐인처럼 있지는 않았던 것 같다.

아이들이 있어서 다행이라는 생각이 들었다.
어떻게든 처져 있던 나를 일으켜 세운다.
금방 다 커서 내 곁을 떠나고 나면 남편과 둘만 살게 될 텐데 그때도 아이들이 있을 때처럼 집에서도 조금은 노력하며 살아야겠다.
너무 위아래 자기주장 강한 옷 말고 좀 맞춰 입고.
양치하고, 세수하고, 머리도 감고.

요즘 남편과 아파트 헬스장으로 운동을 다닌다.
우연히 남편 직장 후배들을 헬스장에서 만났다.
내가 먼저 운동을 끝내고 집에 왔다.
돌아온 남편에게 자기 직원들 봤다고 말하며 맨날 거지같이 가는데 오늘은 내가 화장을 해서 얼마나 다행이냐고 말했다.
남편이 안도의 표정을 지으며 진짜 천만다행이란다.
학! 씨!

엄마가 받아 줄게

둘째 아이가 얼마 전 크게 잘못한 게 있어서 벌로 하루에 한 권씩 책을 읽고 독서록을 쓰라고 했었다.
50번.
거의 다 써 가서 엄청나게 좋아하고 있었다.
그러다 또 잘못해서 독서록을 10번 더 쓰라고 했더니 울고불고 난리가 났다. 이제 거의 끝나 가는데 자기는 독서록 쓰는 게 제일 싫은데 왜 하필 독서록을 쓰라고 하냐면서.
얼마나 싫은지 쉬이 울음을 그치지 않는다.

처음에는 혼을 내는 표정으로 보고 있다가 계속 우는 아이를 보고 있자니 귀여워서 피식 웃음이 난다.
얼마나 싫으면 저럴까 싶기도 하고 아직은 싫다고 울고 떼써도 귀여울 나이구나 생각도 들고.
자신의 감정을 저렇게 솔직하게 표현할 수 있어서 아이가 아이인가 보다 싶기도 했다.

그러다 나도 싫은 거 있으면 저렇게 울면서 떼를 써 볼까 생각해 보았다. 시댁 가서 음식 만들라고 하면 이불을 뒤집어쓰고 누워 펑펑 울면서
"어머님, 저 요리하는 게 제일 싫어요. 안 할래요!"
황당해하는 시댁의 모든 식구의 얼굴이 상상돼서 혼자 웃었다.
그렇게 할 수 없고 하면 안 된다는 걸 안다.
나는 10살이 아니라 44살이니까.
감정을 다 드러내면 안 되는 어른이니까.

결국 아이는 그렇게 울어서 독서록 10번에서 5번으로 줄게 되었다.
떼를 쓴 보람이 있게 되었다.
아이도 언젠가는 어른이 된다.
그러면 지금처럼 떼를 써도 안 되는 걸 깨닫고 하기 싫어도 해야만 하는 날이 올 것이다.
그때까진 조금 봐줘야겠다.
응석도 받아 주는 사람이 있어야 가능한 거니까.

결과보단 과정

첫째 아이가 태권도를 꽤 잘한다.
얼마 전 태권도 대회가 있었다.
대회를 앞두고 원래 훈련하던 시간보다 2배는 늘었고 토요일도 연습하러 갔었다. 그래서 내심 기대를 했었다.
아이도 자기 꼭 금메달 따고 온다며 자신만만하게 나갔다.
대회가 끝나고 아이에게 동메달을 땄다는 카톡이 왔다.
남편과 나 그리고 아이만 있는 단체 카톡방이었는데 남편은 잘했다며 칭찬을 한다.
그런데 나는 차마 잘했다는 말이 나오지 않았다.

물론 아이도 고생했지만, 거기엔 내 노력도 있었다.
아이가 원한 태권도장은 집에서 한참 멀리 있었다.
가까운 거리도 아닌 길을 매일 데려다주고 데려오고 하는데 결코 쉬운 일이 아니었다. 어쩌면 내 마음엔 '엄마가 이렇게까지 했으니 넌 꼭 금메달 따야 해'라는 보상심리가 있었는지도 모르겠다.

그리고 며칠 뒤 길을 가다 축구 경기장에서 뛰고 있는 선수들을 보게 되었다. 다들 열심이다.
그 순간 문뜩 그런 생각이 들었다.
모두가 최선을 다해 뛰지만, 모두가 손흥민이 될 순 없다는걸. 그런데도 포기하지 않고 열심히 하는 건 축구를 좋아하기 때문이 아닐까?

태권도를 하면서 힘들지만 아이는 한 번도 그만두고 싶다는 말을 한 적이 없었다.
오히려 도장에서 제일 잘하고 싶다고 했었다.
그러니 대회 결과에 나보다 아이가 더 속상했을 것이다.
아이의 마음을 헤아리지 못하고 내 감정을 먼저 드러낸 나는 여전히 부족한 엄마다.

아이는 또다시 다음 대회를 위해 연습을 한다.
투자한 시간과 노력은 반드시 언젠가 빛을 발하는 날이 올 것이라 믿는다.
혹여 그렇지 않다고 하더라도 괜찮을 것 같다.
무언가를 갈망하며 열정적으로 하는 아이의 모습만으로도 충분하다.
흘린 땀방울을 통해 분명 아이도 배우는 게 있을 것이다.

그리고 나도 결과가 아니라 과정을 중요시하는 성숙한 엄마가 되어야겠다.
그렇게 우리가 함께 성장해 가기를.

꽃을 보듯

집 근처에 농원이 하나 있다.
꽃을 한번 사서 꽃병에 꽂아 놓으면 길게는 2주까지 예쁜 모습을 볼 수 있다. 그래서 거의 한 달에 2번 정도는 꽃을 사 온다.
부산을 떨며 크지도 않은 집을 오며 가며 정리하다 보면 안 보려야 안 볼 수가 없다. 그렇게 계속 보다 보면 나도 모르게 미소가 지어진다.
어느 때는 꽃에 말을 걸기도 한다.
"너 참 예쁘다."
나는 얼마나 단순한지 이게 뭐라고 그렇게 좋은지.

아이들을 키우다 보면 답답한 순간들이 많이 찾아온다.
나는 분명 최선을 다한 것 같은데 나의 노력과 열심에 비례하지 않는 상황들을 맞닥뜨리게 된다.
누구의 잘못도 아닌 그냥 누구에게나 일어나는 자연스러운 성장 과정이라는 걸 알고 있지만, 속이 상하기는 매한가지다.

그런데 하나님은 이와는 반대되는 상황으로 나를 위로하신다. 고작 물 한번 갈아주고 나는 아무 노력도 하지 않았는데 존재 자체만으로 나를 행복하게 만드는 꽃을 보게 하신다.
분주하게 아침을 보내고 난 뒤 꽃에 물을 갈아주고 소파에 앉아 사랑스러운 눈빛으로 꽃들을 바라본다.

방금 학교 보낸 아이들을 이런 눈빛으로 봤어야 하는데 사랑스러운 눈빛은커녕 눈도 안 마주치고 보냈나 싶다.
도대체 언제쯤이면 나는 좋은 엄마가 될 수 있는 걸까?

꽃을 보듯 내 아이를 바라보기를.
꽃을 보듯.

후회 없는 사랑

황리단길에 놀러 갔었다.
아이들에게 요즘 유행하는 1분 캐리커처를 그려 주려고 가게 안에서 기다리고 있었다. 우리 가족이 앉아 기다리는데 곧이어 20대 중후반쯤 돼 보이는 두 딸을 가진 중년의 부부 가족이 들어왔다.
그림을 그릴 차례가 돼서 우리 아이들이 먼저 앉고 바로 옆에 그 집 딸들이 앉아 있는데 왠지 모르게 울컥했다.

요즘 시간이 너무 빨리 지나가는 게 무서울 정도다.
우스갯소리로 "곧 내가 50대가 되겠어" 하고 있었는데 진짜 좀 있으면, 50살이다. (물론 아직 조금 남았다.)
아니 이러다 금방 천국 가겠다고 생각하고 있었다.
근데 내가 나이 드는 건 생각하면서 아이들이 커 간다는 것은 생각 못 하고 있었나 보다.
그저 지금처럼 언제나 어린아이로 내 곁에 영원히 있을 줄 알았다.

근데 우리 딸들 옆에 어른이 되어 앉아 있는 다른 집 딸들을 보니 우리 아이들도 금방 저렇게 되겠구나 싶었다.

너무 잠깐이구나.
지금은 이렇게 사랑스러운 모습으로 귀찮을 정도로 엄마를 찾는 아이들이다.
그런데 엄마 없이도 살아가는 그날이 순식간에 올 거라는 생각을 하니 이렇게 지내면 안 되겠다는 생각이 들었다.

더 많이 사랑해야겠다.
더 많이 아껴 줘야겠다.
더 많이 마음과 눈에 담아 두어야겠다.

그렇게 지금 온 힘을 기울여 아이들을 품고 품어, 언젠가 내 곁을 떠나가는 그날이 오더라도 슬퍼하지 않고 기쁘게 응원해 줄 수 있도록.
후회 없는 사랑을 해야겠다.

인생 제4막

내 주님과 함께

22년 만의 축제

교회를 22년째 다니고 있다.
그런데 지금까지 고난주간, 부활주일에 대해서 특별하게 생각해 본 적은 없었던 것 같다.
매년 다가오는 의례적인 일이었다.
2,000년 전 아무 죄 없는 예수님이 고난받고 돌아가셨다는 건 너무나도 잘 안다. 하지만 솔직히 그게 나 때문이라는 것은 크게 와닿지 않았었다.

교회를 다니기 전 외로웠고, 의지할 곳이 필요했고, 사랑이 절실했다.
그런데 하나님이 나를 사랑한다니 그것도 아주 많이 자기 아들을 내어주실 만큼 사랑한다니 믿고 싶었다.
그래서 열심히 믿으려고 노력했었다.
보이지 않는 하나님을 믿는다는 게 쉽진 않았다.
그렇지만 나를 변함없이 사랑한다는 하나님을 떠날 수가 없었다. 내게도 유일한 내 편이 필요했다.
그렇게 22년을 말 잘 듣는 착한 딸처럼 교회 생활을 했다.

고난주간이라 교회에서 특별 새벽기도를 했다.
나는 착한 딸이니까 집에서 온라인으로 하루도 안 빼놓고 예배를 드렸다.
졸린 눈을 비비고 일어나 앉아 꾸벅꾸벅 졸고 있었다.
갑자기 꿈을 꾸는 건지 예수님이 보였다.
십자가에 매달린 채로.
나는 그저 구경꾼처럼 멀찌감치 떨어져 서 있는데 예수님과 눈이 마주친다.

그 순간 나는 알게 되었다!
저기 매달릴 사람은 나였다는 것을.
마치 예수님이 나를 보며 괜찮다는 듯이 미소를 짓는 것 같았다. 심장이 '쿵' 내려앉는 것 같았다.
누가 나 대신 누명 쓰고 죽었다면 평생 죄책감에 갇혀 살았을 것이다.
그런데 예수님이 나를 위해 돌아가셨다.
내가 죽어야 하는데, 내가 죄인인데 나를 대신해서 예수님이 돌아가셨다.

하지만 슬퍼하지 않아도 된다.
죄책감을 느끼지 않아도 된다.
예수님은 부활하셨다.
부활주일을 왜 그렇게 기뻐해야 하는지 이제야 알 것 같다.
내겐 22년 만의 진짜 부활주일이 다가온다.
진정한 축제로구나.

예배 시간에 춤을…춰도 되나?
내가 가장 자신 있는 춤은 유승준의 '나나나'인데….
H.O.T의 '전사의 후예'도 완전 가능.

친아빠, 새아빠

남편은 할아버지 때부터 교회를 다닌 기독교 집안이다.
반면에 나는 철저한 유교 사상이 뿌리박힌 불교 집안에서 태어나 처음으로 교회를 다니게 된 소위 말하는 신앙의 1세대다. 신앙의 1세대는 힘들다는 얘기가 있는데 나는 그걸 직접 체험하며 사는 것 같다.

같은 집에 살고 있어도 남편은 탄탄대로고 나는 폭풍 속에서 살고 있다. 어떨 때는 남편이 좀 얄밉기도 하다.
그도 그럴 것이 신앙적인 면으로는 내가 남편보다 더 열심히 한다고 생각하는데 오히려 뺀질대며 선데이 크리스천으로 사는 남편은 원하는 거 다 하며 잘 살고 있다.

마치 하나님이 나에게는 새아빠, 남편에게는 친아빠 같다.
나는 아무리 노력해도 하나님에게는 뒤처진 자식이고 우리 남편은 어떤 행동을 해도 다 용납되는 친자식.

이번에도 어떤 큰 결정을 내리는 데 있어 남편과 나의 의견이 엇갈렸고 결론적으로는 남편의 뜻대로 되었다.
내가 너무 화가 나서 하나님께 따졌다.
"하나님 지금 이게 맞는 거예요? 진짜 이게 맞아요?
솔직히 저보다 저희 남편이 더 좋으시죠? 어떻게 이렇게 하실 수 있어요? 왜 맨날 남편 기도만 들어주세요?"

물론 하나님이 편애를 하실 리는 없지만, 나로서는 그렇게밖에는 생각이 안 들었다. 하나님께 화를 내다가도 난 의지할 사람도, 의지할 곳도 없다는 것을 깨닫고 다시 하나님께 나도 좀 예뻐해 달라고 부탁을 드린다.
내게 우리 딸들은 값없이 주고 또 주어도 아깝지 않다. 무언가를 해야 예쁜 게 아니라 그냥 존재 자체로도 예쁘다. 나도 하나님께 그런 자녀가 되고 싶었다.
나도 하나님께 친딸이 되고 싶다고 때 아닌 떼를 부렸다.

그러던 어느 날, 내가 아이들에게
"엄마가 많이 사랑하는 거 알아?"라고 물었더니 모르겠다고 해서 엄청난 충격을 받았다. '어떻게 모를 수가 있지? 내가 하는 수많은 것들이 다 너희를 위한 것인데 그걸 왜 몰라?'
그러다 하나님이 이런 마음일까 싶은 생각이 들었다.

내게 주신 수많은 것들이 다 나를 위한 것인데 그걸 내가 모르고 생떼를 부렸구나 하는 생각에 참 죄송한 마음이 들었다.

하나님에 대한 오해를 풀었다.
나는 나대로, 남편은 남편대로 사랑하시는 그 사랑을 이해하기로 한다. 아이들이 원한다고 다 들어주는 것이 아닌 것처럼, 나도 내가 원하는 걸 다 들어주는 게 진정한 사랑이 아님을 기억하는 것이 필요할 것 같다.

어떤 모습

추석에 할머니 댁에 가서 오랜만에 친척들을 만났다.
신나게 웃고 떠들고 얘기하다 집에 가려고 하니 사촌 언니가 태워 준다고 한다. 남편 없이 혼자 와서 택시를 타고 가야 하는데 명절엔 택시가 잘 잡히지 않아 고맙다며 탔다.
집에 도착해 내리려는데 언니가 걱정스러운 표정으로 건강 잘 챙기라고 한다. 내가 언니에게 어떻게 알고 하는 소리인지 아니면 그냥 하는 소리인지 물어보니 우연히 내가 유방암이란 걸 들었단다.

친척들에게는 정말 알리고 싶지 않았다.
가족이니 내가 여태껏 어떻게 살았는지 누구보다 잘 알고 결혼해서도 혼자 멀리 떨어져 애만 키우던 나를 안쓰럽게 여겼었다.
그런데 거기다 유방암까지 걸렸다고 하면 나를 너무 불쌍히 여길 것 같았다. 그래서 엄마에게 절대 아무에게도 말하지 말라고 했는데 기어코 그걸 친척들에게 말을 했나 보다.

왠지 내 생각엔 교회를 다니면 형통하고 잘되는 모습을 보여 줘야 할 것 같았다. 친척 중에서 나 혼자 교회 다니는데 내 삶이 언제나 일반적이지 않다는 것이 믿지 않는 가족들에게 과연 득이 될까 싶었다. 그래서 속상했다.
내 삶이 이런데 과연 내가 교회 가자고 너무 좋다고 하면 도대체 누가 교회에 갈까?

교회 모임에서 이런 나의 마음을 얘기했다.
집사님 한 분이 내게 말씀하신다.
"집사님, 우리 세 형제 중에 우리가 제일 잘사는데 교회 다녀서 그렇다고 생각 안 하고 교회 갈 생각도 안 해요. 근데 우리 집이 어려웠을 때 그걸 이겨 내는 모습을 보면서는 대단하다고 어떻게 그렇게 이겨 내냐며 놀라더라고. 오히려 힘든 일을 잘 이겨 내는 우리의 모습이 더 좋은 영향력을 미칠 수 있어요."

교회를 다니면 내가 잘돼서 비싼 차를 몰고 아파트를 두 채, 세 채 사고 아이들은 다 잘돼야 하는 줄 알았다.
그런데 교회를 오래 다녀도 그런 일들은 내게 일어나지 않았다.
대신 힘들 때, 어려울 때 삶을 포기하지 않도록 나를 붙잡아 주었다.
내 어리석은 생각으로 살지 않도록 도와주고, 울 곳 없어 마음이 터질 것 같은 내가 펑펑 소리를 내 울 수 있게 해 주었다.

그래서 나를 지금까지 살아가게 해 주었다.

그리고 다시 생각해 보니 그날 유난히 밝고 즐거웠던 나의 모습이 떠올랐다.
그런 나를 보고 잘 이겨 냈다고 언니가 생각해 주면 참 좋을 것 같다.

지독한 사랑

유방암 약 때문에 갱년기 증상이 있어서 손발이 펄펄 끓어오른다. 그래서 여름에 에어컨 없는 엄마네 가면 너무 힘들었다. 드디어 엄마가 에어컨을 사서 나는 당연히 나 때문에 산 줄 알았다. 그런데 엄마랑 통화하면서 에어컨을 산 이유가 내가 아닌 엄마의 반려견 때문이었고 얼마 전 죽어 올해 여름은 에어컨을 많이 안 켰단다.
이로써 남편이 얘기했던 내가 개만도 못한 딸이라는 걸 다시 한번 증명했다.

하나님이 문득 내게 물으시는 것 같았다.
엄마 때문에 서운하냐고.
그래서 퉁명스럽게 대답했다.
"서운하죠. 엄만 한 번도 내가 필요할 땐 없었잖아요.
어릴 때도 난 늘 혼자였고, 학창 시절엔 방황의 이유가 엄마 아빠였잖아요. 종일 울어 대는 둘째 때문에 너무 힘들어 엄마한테 도와 달라고 했을 때도, 아빠 빈소에 혼자 우두커니 앉아 있을 때도, 엄마는 신경도 안 썼잖아요.

그러곤 개가 죽으니 너무 힘들다며 못해 준 것만 생각나 미안하다는 엄마 때문에 저도 서운해요."

그랬더니 그럼 남편에겐 안 서운하냐고 다시 물으신다.
생각해 보니 남편도 없었다.
아이들을 키울 때도, 아이가 아플 때도.
내가 얼굴에 대상포진으로 입원했을 때도.
유방암에 걸리고 방사선 치료 때문에 왕복 150km를 30번을 갔을 때도 남편은 없었다.

그런데 엄마도, 남편도 없던 그때 항상 하나님이 함께 계셨음을 깨닫는다.
사춘기로 미쳐 발광하던 그 시절도.
오지에서 혼자 끙끙대며 아이를 키우던 그때도.
우울증 때문에 아파트 13층에서 뛰어내리고 싶던 그 순간도.
매일 150km를 운전하다 졸음이 와 정신 못 차리던 그 모든 순간에 다 나를 지켜 주고 계셨단 걸 깨닫는다.

그런 하나님이 내게 왜 자꾸 사람한테 기대려 하냐며 그러지 말고 나만 바라보라 하신다.
그리고 그럴 수밖에 없는 환경을 만드셨다.
일체 누구에게 기대지도 의지하지도 못하게 말이다.

그 사랑은 참 지독하다.
그런데 지독한 그 사랑이 지금까지 나를 살게 했음을 알게 된다.
그렇게 오늘도 나를 열렬히 사랑하시는 하나님과 하루를 시작한다. 아침에 노래 한 곡 듣고 시작해야겠다.
태양의 '나만 바라봐'

너는 살아야지

친한 친구가 세상을 떠났다.
밝고, 유쾌하고, 정말 열심히 살았던 친구였다.
결혼 후 많이 힘들어했지만, 만날 때마다 웃으면서 괜찮다고 했는데 괜찮지 않았었나 보다.

쉽지 않은 결정을 내리기까지 얼마나 힘들었을지 감히 상상조차 할 수 없었던 친구의 마음을 헤아리지 못해 한없이 미안했다.
만날 때마다 아이들 다 키워 놓고 함께 형형색색의 등산복을 입고 놀러 가자며 웃던 친구의 얼굴이 떠올라 시린 가슴을 부여잡고 많이 울었다.
그렇게 친구가 허망하게 떠나 버리고 나는 일상생활을 살아가지만, 문득문득 밀려오는 공허함과 슬픔 때문에 힘이 들었다.

그 친구 때문에 내가 다시 교회에 가게 되었다.

대학 시절 내내 술만 먹던 나를 교회로 인도해 준 친구였다. 나보다 믿음도 좋았고 항상 힘든 일도 신앙 안에서 잘 이겨 내려고 했었다. 그런 친구가 이렇게 세상을 떠나니 하나님에 대한 원망이 밀려왔다.
왜 도와주시지 않았느냐고.
삶이 얼마나 힘들었는지 다 보고 계셨으면서 왜 지켜 주시지 않았느냐고.

나 또한 이렇게 사는 게 무슨 의미가 있나 싶었다.
변하지 않는 상황을 마주한 채 내내 힘든 삶을 혼자 견디며 살아야 한다면, 하나님은 먼발치에서 서서 도움을 주시지 않고 모른 척하실 거라면 나도 앞으로 삶을 살아 낼 자신이 없었다.

그렇게 새벽에 교회에 앉아 울고 있는데, 하나님이 내게 말씀하시는 것 같았다.
그럼에도 너는 살아 주면 안 되겠냐고.
살아서 친구처럼 힘든 영혼을 도와주면 안 되겠냐고.
하나님의 마음이 너무 강하게 느껴져서 그저 울기만 했다.

살아야겠다.
비록 삶이 너무 외롭고 힘들고 때론 이해되지 않는 일들의 연속일지라고 살아 내 보자.

하나님의 사랑과 위로가 필요한 이들에게 힘을 주고 도움을 줄 수 있는 사람이 되어 살아가 보자.
그것이 어쩌면 하나님이 내게 주신 사명일 테니.

끝없는 도전

교회에서 예배를 드리는데 둘째 아이와 같은 유치부 아이의 엄마가 피아노를 치는 걸 보았다.
아마 새해가 되면서 성가대에서 피아노 반주자로 섬기게 된 것 같다.
그런데 피아노를 너무 잘 쳐서 깜짝 놀랐다.
그 모습을 보니 전에 보던 모습과는 또 달랐다.
멋졌다. 그냥 멋져 보였다.

하나님께 서운해졌다.
"하나님, 저도 좀 뭐 하나 잘하는 것 좀 주시지.
얼굴이 예쁘든지, 손재주가 좋던지, 노래를 잘하든지 악기를 잘 다루든지, 특기로 할 만한 그런 것 좀 한 개만 주시지. 왜 저는 아무것도 안 주셨어요?"
나는 음치, 박치에 손재주 없는 똥손이라 아이 종이접기를 도와주다가도 집어던지기 일쑤다.

피아노는 아무리 배워도 늘진 않는다.
고등부 대표 기도만 해도 마이크를 잡은 손이 덜덜 떨리고 목소리는 거의 울기 직전이다.
정말 아무것도 내세울 만한 것이 없다.

그렇게 입이 댓 발 나와 있는데 하나님이 다정하게 내게 말씀하셨다.
"너 잘하는 거 있잖아."
"그게 뭔데요?"
"……기도."

불이 꺼진 깜깜한 예배당에서 마지막까지 기도하는 게 나다.
아무도 없는, 그래서 아무도 알 수 없는, 그곳에서 나는 기도를 한다.
남들 앞에 서지 못해 서운하냐고.
너 기도하는 것 아무도 몰라 서운하냐고.
나만 알면 되는 거 아니냐고 하나님 물으시는 것 같았다.

보이는 곳이 아닌 보이지 않는 곳에서 내가 하는 기도가 내게 주신 특기인가 싶은 생각이 들었다.
잘하든 못하든 지금까지 난 끊임없이 기도했고 그것이 나의 특기가 되었다면, 더 열심히 해야겠다고 다짐했다. 그리고 기도처럼 포기하지 않고 계속하기만 하면, 그것이 무엇이든 잘할 수 있을 것이란 확신도

들었다.

아무것도 포기하지 말고
아무것도 못한다 단정 짓지 말고
다시 시작해 보자.
그리고 끝을 정하지 말자.

끝없는 도전.
익숙하고도 촌스럽게 느껴지는 이 단어가 마음에 들어온다.

예수쟁이

교회에서 온 가족 새벽예배가 있어 아이들과 함께 다녀왔다.
목사님의 축복 기도를 받으면서 울컥했다.
어린 시절 내가 제일 부러웠던 건 부모님과 함께 있는 친구들이었다.
대학 시절 혼자 교회를 다니면서 다른 이들이 부모님이나 형제자매와 함께 예배드리러 오는 것을 보면 그게 그렇게 좋아 보이고 부러웠다.

그랬던 내가 지금 아이들과 예배당에 나와 있다.
가족이 함께 교회에 다니는 모습을 부러워했던 내가 이제는 그렇게 살고 있다는 것이 마치 기적 같고 꿈만 같았다.
어떻게 내가 이렇게 살 수 있지, 하는 마음이 들면서 모든 것이 다 하나님의 은혜이고 사랑임을 깨닫는다.

버려진 내 인생에 손 내밀어 주신 하나님이 너무 고마워서, 너무 감사해서 눈물이 났다.

매일 죽고 싶다던 나를, 그 어떤 소망도 없던 나를, 아무것도 없었던 내 인생을 이제는 아무것도 부족함 없도록 변화시키신 주님이시다.

그 사랑을 갚을 길이 없어 그저 내가 할 수 있는 것을 하며 살기로 다짐한다.
나는 예수님밖에 모르는 예수쟁이로 살아야겠다.
나는 예수쟁이다.

여보, 남편 되신 님아.
온 가족 새벽예배인데 나만 남편이 없어.
맨날 새벽마다 울면서 기도하는데 사람들이 내가 진짜 남편이 없어서 우는 줄 알겠어.
나도 남편이 있다는 것 좀 보여 줍시다.
쫌!

그리 아니하실지라도

새벽기도를 웬만하면 빠지지 않고 계속 가는데 그 시간에 꼭 기도하는 게 있다. 지금까지 살면서 힘들고 외롭고 슬펐던 날들만큼 앞으로 내 남은 인생은 형통하고 복되게 해 달라는 기도다. 꼭 그렇게 되길 바라고 이루어질 거란 믿음으로 기도한다.

기도하면서 갑자기 옛날 생각이 났다.
엄마 아빠가 각자의 삶을 살기 위해 떠나고 나는 할머니 집에서 살았었다. 겨울이 되면 내 방 외풍이 너무 심해서 이불을 덮지 않은 부위는 꽁꽁 얼었다.
그 추운 방에서 이불을 머리끝까지 덮고 누워 매일 울었다.
죽고 싶단 생각만 했었다. 내가 죽는 게 나를 버린 부모에게 할 수 있는 최고의 복수라고 생각했었다.
그 시절의 울고 있는 내가 떠올랐다.
그러곤 더 힘주어 기도했다.

하나님 다 아시지 않냐고 그때의 내가 얼마나 불행했었는지 누구보다 주님이 더 잘 아시지 않냐고 그러니 이젠 제발 저도 잘 살게 해 달라고 기도했다.

그런데 갑자기 나도 모르게 기도가 바뀌기 시작했다.
그러나 주님
그리 아니하실지라도.
그리 아니하실지라도.
지금처럼 내내 고난과 역경뿐인 삶이라 할지라도 제 곁에 하나님 계신다면 저는 그 길을 가겠습니다.
하나님 없는 형통이 아닌 하나님과 함께 고난의 길을 걷겠습니다.
……

내 의지와는 전혀 상관없는 기도였다.
내 바람과는 전혀 다른 기도였다.
왜 울면서 그런 기도가 나왔는지 나도 모르겠지만 돌이켜 생각해 보면 그게 예수쟁이가 살아야 하는 길이라는 것을 깨닫는다. 얼마 전 예수쟁이가 되겠다고 당당히 말해 놓고 잊고 있었다. 기도했으니 이젠 빼도 박도 못하게 돼 버렸다.
이왕 이리된 거 그리 살아 보자.

그리 아니하실지라도.

하나님 사랑하고, 하나님 찬양하며, 하나님과 함께.

하나님 근데…

기도한 거 취소는 안 되죠?

Shall We 찬양?

담임 목사님이 아닌 외부에서 오신 목사님이 설교하신 적이 있다. 설교 시작 전에 성도들을 향해 혹여 담임 목사님이 아니라 서운하거나 분노가 일어나는 분이 있냐며 가끔 보리밥 먹는 것도 괜찮다며 자기를 보리밥이라 생각하라 하신다.
목소리가 차분하고 낮아 담임 목사님 설교 스타일과 달라 나 또한 집중하기까지 조금 시간이 걸렸던 것 같다.

설교가 끝날 무렵에 자신이 힘들었던 시간을 얘기하면서 그때 불렀던 찬양을 나지막이 부르기 시작하셨다.
겪고 있는 고통과 반대되는 가사의 찬양을 덤덤히 부르는데 어느 순간 성도들이 함께 부르기 시작했다.
그 많은 성도가 크지 않은 목소리로 속삭이듯 부르는 찬양 소리에 몇몇 성도들이 눈물을 훔친다.
내가 안 울 재간이 있나.

목사님의 아픈 시절을 나는 다 알지 못한다.
그러나 나도 힘든 시간이 있었다.
아마 누구나 다 그런 시간이 있지 않았을까.
함께 찬양하는 그 시간 속에 우린 서로서로 위로받을 수 있었던 것 같다.

기쁠 때 찬양하고.
슬플 때 찬양하고.
외로울 때 찬양하고.
함께할 때 찬양하고.
그렇게만 산다면 참 행복할 수 있겠다.

목사님 목소리가 자장가인 우리 남편.
아니나 다를까 저 날도 목사님 설교 시작하자마자 자고 설교 끝나자마자 깨어났다.
기가 막히게도 설교의 시작과 끝을 너무 잘 맞춘다.
그런 남편도 찬양 시간엔 절대 안 잔다.
남편을 깨어 있게 하는 찬양은 정말 어메이징하다.

사랑하면

한동안 경주에서 살았었다.
그때 다니던 교회는 새벽예배가 끝나면 목사님이 그날의 교회 일정을 말씀해 주시는데 목요일은 목요전도대가 있었다. 여태껏 새벽기도 나가는 동안 수없이 들었던 목요전도대였는데 그날은 갑자기 마음이 너무 불편했다.
계속 신경 쓰이고 왠지 하나님이 가라고 하시는 것 같았다. 얼렁뚱땅 모른 척 지나치려고 하니 하나님께서 내가 제일 좋아하는 게 뭐냐고 내게 물으시는 것 같았다.
'영혼 구원'

도살장에 끌려가듯 억지로 목요전도대에 갔었다.
전도 대원은 나까지 딱 10명이었다.
다 나이가 지긋하신 분들이었고 젊은 사람은 나 혼자였다.
아시는 권사님이 나를 보고 너무 반가워하며 내게 어떻게 왔냐고 물으셨다. 엄청 슬픈 얼굴로 억지로 온 티를 팍팍 내며 말했다.

"하나님이 가라 하셔서 왔어요."

전도를 나갔는데 말 그대로 노방전도였다.
물티슈와 교회 예배 시간이 적힌 종이를 생판 모르는 사람에게 주면서 복음을 전하는 것이다. 살면서 처음 해 보는 전도였다. 너무 부끄럽고 낯설었다.
다 마치고는 다시는 하지 말아야지 굳게 다짐했다.

다음 주 목요일이 됐는데 또 마음이 편치 않다.
이대로는 도저히 안 되겠서 하나님과 타협점을 찾았다.
"하나님, 한 달에 한 번만 갈게요.
한 달에 두 번, 세 번이 될 때까지 얼마나 오랜 시간이 필요할지 모르겠지만 일단은 한 달에 한 번은 갈게요."
그렇게 나만 괜찮은 타협점을 찾고 마음의 짐을 조금은 내려놓았다.
나도 남들처럼 편히 신앙생활 하게 두시지 왜 이 젊은 나이에 노방전도까지 시키시나 싶은 순간 그 이유를 말씀해 주시는 것 같았다.

하나님께서 내게 복을 차고 넘치도록 부어 주고 싶으신데 명분이 하나 필요하다는 것을. 그것이 하나님이 제일 기뻐하시지만, 사람들은 가장 힘들어하는 전도라는걸.
사랑받을 자격 없는 나를 지금껏 살게 하신 분인데 하나님이 제일 좋아하고 기뻐하는 일이라 생각하니 까짓것 안 할 이유가 없었다. 사랑하면 원래 뭐든지 다 할 수 있으니까 말이다.

철벽 치기

한 달에 한 번씩 전도하기로 하나님과 약속하고 꾸역꾸역 해 오고 있었다. 매달 하기 싫어서 버티고 버티다 결국 항상 달의 끝자락이 되어서야 하게 된다.
작은 사탕 한 통과 양말 한 켤레, 교회 예배 시간이 적힌 전도지와 물티슈, 그리고 나의 짧은 간증이 적힌 편지까지 예쁜 봉투에 넣어서 직접 전도 용품을 만들었다.

하루에 딱 10명만 하자고 마음먹고 길을 나서는데 교회 근처에 다가올수록 사람이 많은 걸 보고 나도 모르게 미소가 지어졌다.
"왜? 뭐? 왜 웃는데?"
웃는 내 모습에 '이러면 안 돼' 하면서 정신을 차렸다.
사람이 많은 곳을 보며 자연스레 저 사람들한테 주면 좋겠다 싶은 마음이 들었나 보다.
그러곤 사람들을 흐뭇하게 바라보며 웃고 있던 거다.

한 달에 한 번밖에 안 했는데, 그거 몇 번 했다고 벌써 노방전도에 스며들었냐고 이렇게 전도의 매력에 빠지면 안 된다고 마음을 다잡았다. 근데 자꾸 사람들을 보는 내 마음이 몽글몽글해진다.

한 달에 한 번씩, 난 10명 때로는 20명에게 복음을 전한다. 내가 복음을 전하는 사람이 1,000명, 10,000명 어쩌면 그보다 더 많은 사람이 되는 날이 올지는 모르겠다.
하지만 그중에 한 사람, 단 한 사람이라도 마음이 움직여 하나님의 사랑을 알게 되기를 기도한다.

그건 그거고, 여하튼 정말 큰일 날 뻔했다.
하마터면 노방전도에 마음을 뺏길 뻔했다.
정신 차리고 철벽을 좀 쳐야겠다.

순종

'전도'라는 무거운 짐을 짊어지고 있는 것 같았다.
그런데 자꾸 사람들이 눈에 들어온다.
버스 정류장에 정차해 놓고 쉬고 계시는 기사님들, 청소하고 계시는 여사님들, 아파트를 순찰하시는 경비원분들 눈에 스치고 지나가는 모든 사람이.
하지만 용기 있게 복음을 전하는 게 너무 어렵다.

어느 날, 예배당에 나가 말씀을 듣는데 마치 하나님과 독대를 하는 것 같았다.
목사님이 요즘 시대에 순종은 인기가 없는 것 같다 하신다. 그러면서 하나님도 순종이 어렵다는 걸 아신단다.
그 말씀을 할 때 내 눈물이 터져 버렸다.

아시는구나.

내가 전도를 얼마나 힘들어하는지 하나님도 아시는구나.
내 성격에 모르는 사람들한테 말을 거는 게 얼마나 큰 용기가 필요한지, 얼마나 머뭇머뭇하는지, 외면당하면서 얼마나 창피해하는지 다 아시는 것 같았다.
그래서 많이 울었다.

안다. 안다. 내가 다 안다.
말로 다 할 수 없는 위로가 느껴졌다.
그러곤 동시에 또 다른 마음을 깨닫게 하신다.
네 주변에 네가 만나는 모든 사람 중에 복음 못 듣는 사람 없도록 해야 하지 않겠냐고.

갑자기 이미 떠나간 할아버지, 할머니, 아빠 생각이 났다.
만약 내가 죽어 천국 갔을 때 없으면 어떡하지 하는 생각에 가슴이 내려앉는다.
복음을 전해야겠다는 다짐을 한다.
나를 만나는 모든 사람에게.
내가 아는 모든 사람에게.

왜 하필이면 많고 많은 사역 중에 가장 어려운 전도를 내게 하라고 하셨는지 나는 모른다.

순종은 이유를 알아서 하는 게 아니다.
순종은 나한테 딱 맞아서 하는 게 아니다.
그냥 하면 된다.
그게 순종이다.

남편이 내게 말했다.
"엄청나게 투덜대면서 순종은 참 잘해."
하나님은 오늘도 순종하는 자를 찾으시고 찾으면 넘치는 복을 주신다는데….
"저요! 하나님 저 여기 있어요!"

청년의 때

처음 교회를 다닐 때 멋진 교회 오빠에게 반해 자전거를 타고 40일 새벽기도를 다녔었다.
새벽기도를 시작한 지 얼마 지났을까 갑자기 한 분이 다가오셨다. 청년부 담당 목사라고 자신을 소개하시면서 내게 청년부 셀 리더를 하면 좋겠다고 했었다.
(청년부만 500명 정도인 큰 교회였다.)

그땐 교회 다닌 지 일 년 좀 넘었는데 목사님 설교도 하나도 이해하지 못했다. 그냥 멍 때리며 앉아 있는 게 전부였던 내가 무슨 셀 리더를 할 수 있겠는가.
하지만 목사님 눈엔 젊은 청년이 새벽기도를 매일 나오니 신앙이 좋다고 생각하셨던 것 같다. 나는 나를 알기에 안 된다고 극구 거절했지만, 반복적인 목사님의 권유에 어쩔 수 없이 청년부 셀 리더를 맡게 되었다.

첫 셀 모임 때 내가 우리 셀 원들에게 나중에 맥주를 마시러 가자고 했었다. 셀 원들이랑 친해지고 나니 처음에 나 때문에 너무 당황했다면서 자기들끼리 저 누나 이상한 것 같다고 했단다.
그도 그럴 만한 게 교회에서 청년부 셀 리더로 온 사람이 첫 모임에 맥주를 마시러 가지고 했으니 많이 이상했을 거다.
그러고 나서도 아는 게 없으니 셀 모임 때마다 다 데리고 나가 밥 사주고 커피숍 가고 볼링 치러 갔었다.
하도 나가니까 오죽하면 다른 셀 사람들이 왜 저 셀은 맨날 나가냐고 할 정도였었다.
치과에서 열심히 일한 월급 통장은 텅텅 비어 갔지만 그땐 그게 내가 할 수 있는 유일한 섬김이었다.

그렇게 맥주로 시작된 나의 첫 사역은 결혼 전까지 꾸준히 이어졌었다. 남편의 반대로 결혼 후 10년 동안 사역이 멈춰 있었고 얼마 전 고등부 교사로 사역을 다시 시작했을 때 너무너무 좋았다. 행복했다.

사역이 주는 기쁨은 말로 설명할 수 없다.
그것은 해 본 사람만이 알 수 있는 아주 특별한 은혜다.
아무것도 알지 못했던 모지리 같던 그 시절의 내게도 하나님은 기회를 주셨다.
그렇기에 보석처럼 빛나는 청년의 때를 하나님을 위해 살 수 있게 하셨음에 참으로 감사하다.

엄마, 교회 갑시다

할머니가 돌아가셨을 때 엄마가 내게 자기한테 잘하라면서 혼자 외롭다고 한다.
그래서 엄마 젊을 땐 나 버리고 떠나 신경도 안 쓰고 엄마 할 일 하며 살았고, 나 외롭고 힘들 때 한 번도 도와준 적 없지 않냐 했더니 자기는 일하느라 어쩔 수 없었단다.
내게 미안함이라고는 하나도 없는 엄마를 보면서 나도 엄마한테 잘한다는 게 쉽진 않다.

그래도 새해가 됐으니 전화라도 자주 하자 싶어 전화했더니 아니나 다를까 자기 너무 외롭다며 입맛도 없고 슬프단다.
나도 남편이 너무 바빠 혼자서 힘들고 외롭다고 했더니 넌 두 딸이 있지 않냐며 자기는 혼자라며 불쌍한 척을 한다.
그래서 내가 사람 의지하지 말라고 사람은 아무도 엄마의 외로움을 달래 줄 수 없으니 교회에 가라 했다.

가서 수요예배, 금요 철야 예배, 주일예배, 새벽예배 매일 가면 외로울 틈이 없으니 교회 가서 하나님도 만나고 사람도 좀 만나라고 했다.
나도 엄청 외로운데 나는 사람 의지 안 하고 교회 열심히 다니지 않냐며 엄마도 가야 한다고 일장 연설을 했다.

그랬더니 엄마가 갑자기 전화를 끊으란다.
왜 전화를 끊냐고 내가 교회 가라고 해서 짜증 났냐고 했더니 그게 아니라 나랑은 말이 안 통한단다.
외롭다는 엄마의 말에 대한 내 반응이 엄마가 원한 게 아니었던 모양이다.
알았다고 하고 전화를 끊고 나니 앞으로 엄마의 외롭다는 얘기에 어떤 반응을 보여야 할지 확실히 알게 되었다.

외롭지 않은 사람이 누가 있던가.
사람은 누구나 다 외롭다.
너도, 나도, 우리 모두 외롭다.
외로운 사람끼리 의지한들 해답이 어디 있겠는가.
사람은 사랑하고
하나님만 의지하자.

엄마

교회 갑시다. 갑시다. 갑시다.
언젠가 엄마가 내 전화를 차단할지도 모르겠다.

내 능력이 아닌

10년이 넘도록 사역을 못하고 있다가 최근 들어 고등부 교사로 사역을 다시 시작하게 되었다.
내 가장 친한 친구와 그의 남편은 나를 모지리라 부른다.
대화할 때마다 내게 어떻게 그런 것까지 모를 수가 있냐며 깜짝깜짝 놀란다. 얼마 전에도 셋이서 수다를 떨다 나의 무지함에 둘은 또 고개를 절레절레 저었다.
그러면서 말했다.
"아니 이렇게 모르는 게 많은데 도대체 고등부 교사는 어떻게 하는 거야?"

어쩌면 그래서 할 수 있는 게 아닐까?
내가 모자라고 부족함이 많다는 걸 너무 잘 알아서 전적으로 하나님을 의지할 수밖에 없다. 그래서 사역을 시작하기 전부터 사역하는 모든 순간마다 기도한다.

하나님이 도와주시지 않으면 아무것도 할 수 없다고 고백한다.

한번은 고등학교 3학년을 맡게 되었다.
처음에는 별생각이 없었는데 고3 맡은 다른 선생님 두 분의 얘기를 우연히 듣고 난 뒤 왠지 주눅 들고 마음이 무거워졌었다. 한 분은 교회를 20년 넘게 다니신 분이라 학생들과 학생들의 부모님을 다 아시는 분이셨고, 다른 한 분은 남편분이 한의사고 딸을 이번에 한의대를 보내셨다고 한다.
나는…
나는 아무것도 없는데….

무엇 하나 잘난 것도 없고 물질이 넉넉한 것도 아닌데 나를 만난 우리 반 아이들이 과연 괜찮을까 싶은 생각이 들었다.
어찌 보면 중요한 시기라 여겨지는 고3인데 나보다 더 좋은 선생님을 만났어야 하는데 내가 괜히 고등부 교사를 했나 싶은 마음도 들었다.

그런데 그때 하나님이 내게 말씀하시는 것 같았다.
어태껏 네가 살아온 그 굴곡진 인생 속에서 네가 만난 하나님을 아이들에게 전하면 된다고 하신다.
모든 것은 네가 아닌 하나님이 하시는 거라며 너를 믿지 말고 하나님을 믿고 하면 된다고.

하나님의 마음을 알게 되니 걱정과 부담감이 사라지고 마음이 한결 편안해졌다. 아무것도 없는 나의 약함이 하나님만 의지하게끔 만드는 큰 은혜이고 복임을 깨닫는다.

그렇게 나는 사역 하는 내내 내 능력이 아닌 하나님의 능력을 믿고 의지했었다. 그러면 하나님께서 내게 필요한 것들을 채워 주셨다.
고등부 교사를 하면서 아이들을 사랑하는 것도 아이들을 이해하는 것도 하나님께서 사랑하는 마음을 주셨기 때문에 가능한 일이었다.

하나님의 능력.
그것만이 내가 기쁨으로 고등부 사역을 할 수 있게 만든 유일한 힘이었단 걸 믿는다.

고난주간을 대하는 자세

부활절을 앞둔 고난주간이었다.
예수님 돌아가시고 부활하시기 전 받으신 고난을 깊이 생각하는 시간이다.
자려고 누웠는데 남편이 내게 고난주간을 잘 보내고 있냐며 십자가의 좁은 길을 가려고 노력하고 있냐 묻는다.
그래서 난 한 번도 넓은 길을 가 본 적이 없는 것 같다고 대답했다. 잘하고 있다며 좁은 길을 가는 게 어떠냐길래 농담 반 진담 반으로 죽을 것 같다고 했다.

경주에서 하던 노방전도를 부산으로 이사를 온 뒤로 못하고 있었다. 어디서 해야 할지도 모르겠고 또 새로운 곳에서 하려니 두렵기도 했다. 그냥 그만둘까 싶기도 한데 그러려니 자꾸 마음이 불편해져서 다시 시작하기로 했다. 주변 사람들부터 시작하자 싶은데, 전도 용품에 넣어 놓은 내 짧은 간증문이 마음에 걸렸다.

계속 볼 사람들인데 내가 살아온 삶을 알게 되면 나를 어떻게 볼까 싶어 뺄까 고민했었다.
그런데 하나님이 내게 물으시는 것 같았다.
"너, 꿈이 많은 사람 앞에서 간증하는 거라며?
근데 고작 주변 사람들에게조차도 못하겠니?"

그래서 차마 빼지 못했다.
전도 때문에 얼마나 고민을 하는지 그나마 있는 내 소중한 머리털이 다 빠지는 것 같았다.
이런 내 심정을 얘기하고 나도 좀 편하게 우아하게 신앙생활 하고 싶다고 남편에게 소리를 빽 질렀다.

남편이 나더러 나중에 잘될 거란다.
자기도 내 기도 때문에 잘되는 것 같다길래 나는 내가 잘되고 싶지 죽 쒀서 개 주기 싫다고 했다.
남편이 자기한테 어떻게 개라고 하냐며 나라도 잘되는 게 어디냐고 한다.

고난주간이다.
난 유방암 정기검진을 위해 병원을 왔다.
전도 용품을 들고.

남편님은 오늘 술을 마신단다.
예수님이 맞으신 채찍을 준비해 놓고 싶다.

끼리끼리 유유상종

주일에 고등부 교사를 하면 예배가 끝나고 반별 모임을 통해 아이들을 만나게 된다.
그런데 반별 모임을 할 수 있는 시간이 길게는 20분 짧게는 15분밖에 안되는데 그 짧은 시간에 6, 7명 되는 아이들과 깊은 대화를 하기에는 턱없이 부족하다.
그래서 한 명 한 명 따로 만나기 시작했다.
한 친구에게 선생님이 따로 만나자고 하는 게 부담스럽지 않냐고 물었더니 아니라며 좋았다고 한다.

그 친구와 이런저런 얘기를 하면서 친한 친구에 관해 물으니 자기의 친한 친구는 외유내강이라는 말을 한다.
자신을 잘 아는 친한 친구에게서 외유내강이라는 표현을 듣는다는 게 쉽지 않을 텐데 그 친구는 참 괜찮은 아이인가 싶었다.
그런데 대화를 하면서 내가 만나고 있는 이 아이도 자기 비전이 확실

하고 그 꿈을 위해 이미 모든 계획이 어느 정도 세워져 있는 걸 보고 끼리끼리 유유상종이구나 싶은 생각이 들었다.
멋진 아이들이다.

다음 세대에 대한 걱정이 많다.
무분별한 스마트폰 사용과 쓰나미처럼 몰려드는 해로운 문화로 인해 아이들이 많은 악영향을 받고 있고, 그로 인해 아이들의 인성이나 사회성 문제도 심심치 않게 접하고 있는 지금이다. 그러나 또 한편으론 이렇게 멋진 아이들이 자신의 꿈을 향해 달려가고 있다.

고등부 교사 하길 참 잘했다는 생각이 들었다.
더 좋은 교사가 되어야겠다는 다짐도 했다.

'끼리끼리 유유상종'
미틴돌아이(미친또라이)울찐.
내 핸드폰에 저장된 나의 가장 친한 친구다.
나 역시 또라이임을 숨길 수가 없다.
친구를 절세 미녀 1로 바꾸고
나는 절세 미녀 2가 되어야겠다.

사랑의 한계

고등부 교사를 하고, 전도하면서 내게 조금 이상한 변화가 찾아왔다.
자꾸 학생들만 보면 말을 걸고 싶어진다.
전도를 나갔다가 고등학생 여자아이들을 만났는데 아이들에게 내가 고등부 교사라고 얘기하며 교회 와서 나를 찾으라고 얘기했다.
한번은 둘째 아이와 동네 커피숍을 갔는데 거기를 꽉 채우고 있는 학생들을 보면서 그 아이들의 말에 귀 기울이고 있는 나를 발견했다. 말을 걸고 싶은 걸 꾹 참았다.

주일에 교회 가서 우리 반 아이들에게 혹시 모르는 학생들한테 말을 걸면 어떻겠냐고 물어보니 다들 절대 하지 말라며 그러면 진짜 이상한 사람인 줄 안단다.
그 말에 불타오르는 내 마음을 좀 식혔다.

아줌마가 돼서 그런 건지 고등부 교사를 해서 그런 건지 모르겠지만 참 낯짝이 두꺼워지는가 싶다.
아니다.
낯짝이 두꺼워진 게 아니라 그냥 학생들이 사랑스럽다.

참 신기하게도 사랑엔 한계도, 제한도 없나 보다.
내 가족, 내 친구들만 사랑하기에도 가득 차서 더는 사랑할 수 있는 마음이 없을 것 같은데 나와 전혀 상관없는 사람들을 사랑할 수도 있는 걸 보니 말이다.

이렇게 자꾸 사랑하는 폭을 넓혀 가다 보면 언젠간 세계평화를 외치며 세상 모든 사람을 사랑하는 날이 올지도 모르겠다.
갑자기 가슴이 웅장해지는데
정신 차리고 남편부터 사랑해야겠다.

고난이 유익

한동안 글쓰기 모임을 했었다.
글쓰기 주제가 '새날'인 적이 있었다.
유방암에 걸렸던 5년 전 이야기를 글로 적었다.
암에 걸렸었고 지금은 하루하루가 감사한 새날이라는 내용의 글이었다.

내 글을 읽고 다들 그때 상황을 말해 달라기에 덤덤히 다시 그때의 상황을 되짚어 보았다.
8cm 이상의 커다란 암이 생겼고 한쪽 가슴을 다 도려내야 된다는 진단을 받았었다. 처음엔 아무 생각 못하다가 갑자기 분노가 막 치밀어 올랐었다. 내 얼굴과 몸 다 통틀어서 맘에 드는 건 가슴 딱 하나였는데 그것마저 가져가시냐고 하나님께 따졌었다.
영화 〈해바라기〉에 나오는 김래원의 유명한 대사처럼 말이다.
"꼭 그렇게 다 가져가야만 속이 후련하십니까!"

있는 놈은 더 있고 없는 놈은 더 없다더니 그게 나였나.
울다 웃다 화내다 욕하다 거의 반은 미쳐 있었던 것 같다.
이런 얘기를 하니 다들 놀라며 지금의 나를 보면 전혀 그런 줄 모르겠다고 한다.
너무 밝고 건강해 보인다고.

성경 구절에 '고난이 유익'이라는 말을 나는 싫어한다.
매번 고난의 굴레에서 벗어나지 못하는 내 삶이 참 지긋지긋했었다.
그런데 그 힘든 시기를 지나고 나니 변한 게 있었다.
예전엔 '나 건들기만 해 봐! 다 때려 부술 거야' 이런 모습이었다면 지금은 이빨 빠진 호랑이처럼 온순해졌다고 할까?
어쩌면 화를 낼 힘이 없는 건지도 모르겠다.

예민하게 굴며 화내고 짜증 냈던 예전의 삶은 쉽지 않았었다. 항상 신경이 곤두서 있었다.
그런데 지금은 이래도 흥, 저래도 흥.
이래도 좋고, 저래도 좋고.
나는 다 괜찮아, 아이 엠 오케이.
이런 식이다.

그러니 삶이 한결 가볍다.

마음이 편안하다. 평화주의자라는 말을 듣기도 한다.
예전의 모습을 다 아는 우리 남편이 들으면 기가 찬다.
어찌 됐든 만약 유방암이 날 이전과 다른 삶으로 이끌기 위한 것이었다면 '고난이 유익'이라는 말이 어느 정도는 수긍이 간다.
수긍은 가지만 이제 더 이상 고난은 없으면 좋겠다.
앞으로의 인생은 '복복복'복으로 가득 차기를.

머리도 감지 않았는데 애가 왔다.
길고 긴 겨울방학이 시작되었다.
고난이 찾아온 건가….

누군가는 널 위해 기도해

아이들 방학 때는 오전 시간이 여유로워서 새벽에 교회에 가면 2시간 넘게 있는다. 기도하다 졸기도 하고 멍하니 있기도 하면서 시간을 보내는데 그게 너무 좋았다.
잔잔한 찬양이 흘러나오는 교회에 앉아 조용히 눈 감고 있으면 마음도 편안하고 하루를 왠지 잘 보낼 것 같았다.
그렇게 늦게까지 있다 보면 몇 명 남지 않는데 그중엔 기도를 진짜 열심히 하시는 분들이 있다.
내 기도가 집중이 안 되면 다른 분들이 기도하는 소리가 들리는데 그날도 그랬다.

내 뒤쪽에서 목이 쉬도록 서럽게 울면서 쉬지 않고 기도하시는데 왠지 내 마음도 슬퍼졌다.
그래서 기도했다.
"하나님, 제발 저분 기도 좀 들어주세요.

그게 뭐든 빨리 응답해 주세요.
저분이 슬프지 않게 해 주세요."
그러다 문득 내가 저렇게 서럽게 울면서 기도할 때 어떤 누군가도 나를 위해 기도했을 수도 있겠구나 싶은 생각이 들면서 마음이 따뜻해졌다.

찬양 중에 〈누군가 널 위해 기도하네〉라는 곡이 있는데 예전엔 아무도 날 위해 기도하지 않을 거라 생각해서 전혀 공감되지 않았다. 그런데 이젠 알 것 같다.
모두가 다 같은 마음으로, 모두가 다 행복해졌으면 하는 마음으로 기도한다는 것을.

누군가 날 위해 기도하고
나 또한 누군갈 위해 기도한다.
그렇게 우리는 이름도 얼굴도 알지 못하지만 서로의 기도의 동역자가 된다.

하나님의 마음

부산에 온 뒤로 남편과 함께 금요 철야 예배를 빠지지 않고 드린다.
난소에 생긴 혹이 모양이 좋지 않다고 하여 검사를 받은 날도 마음이 심란하지만, 예배를 드리러 갔었다.
아니나 다를까 눈물샘이 또 개방되었다.
울리는 찬양 소리에 숨어 어린아이처럼 엉엉 울었다.
울고 있는데 하나님이 내게 말씀하시는 것 같았다.
나는 네가 행복하면 좋겠다고.
그래서 더 울었다.

내가 아이들의 행복을 바라는 것처럼 하나님도 내게 같은 마음이라는 걸 알게 되었다.
그 마음이 어떤 것인지 모르려야 모를 수가 없다.
내가 그러니까.
나는 내 아이들의 행복을 위해 무엇이든 할 수 있다고 생각하고 또 그렇게 살아가고 있다.

그런데 그런 내 사랑보다 더 강력한 사랑으로 나를 붙드시는 하나님이 나와 함께하심을 알게 되었다.

그렇다면 어떤 상황이 와도 하나님 계시면 괜찮을 것만 같았다. 그러고 나니 두렵던 마음이 평안해졌다.

예배를 마치고 집으로 돌아가면서 남편에게 얘기했다.

"여보, 하나님이 내가 행복했으면 좋겠대."

남편이 버럭 한다.

"그럼 그럴 만한 상황을 만들어 주셔야지!"

근데 여보….

너만 잘하면 돼.

교사여 영원하여라

자려고 누워 있는데 내 나이가 얼만지 생각해 보았다.
40대 중반이니 어쩌면 이젠 살아온 날보다 살아갈 날들이 짧아졌다.
갑자기 조급해졌다.
내가 하나님을 위해 무언가를 할 수 있는 시간이 얼마 남지 않았다고 느껴졌다.
빨리 하나님께 쓰이고 싶었다.

이런 마음을 남편에게 얘기하니 뜬금없이 모세 얘기를 꺼낸다. 모세가 몇 살 때 부르심을 받았느냐길래 "80살!"이라고 대답했다. 그러면서 거보라고 너무 조급해하지 말라고 때가 되면 다 알아서 쓰실 거란다.
그래도 난 하루라도 젊고 예쁠 때 애들한테 먹힐 때 지금 당장 뭐라도 하고 싶다고 했다.
우리 남편 해맑게 웃으며 한마디 툭 던지고 방을 나간다.
"지금도 안 먹혀."

누나 좋다고 쫓아다닐 땐 언제고 아주 건방져졌다.

남편 때문에 시무룩하던 그때 '먹힌다'라는 사전적 용어를 찾아보았다.
"어떤 말이나 행위가 상대편에게 잘 받아들여진다."
외모가 아니라 말과 행동이네!
고딩들에게 좋은 교사가 되기 위해 중요한 건 나의 말과 행동이다.
센스 있고, 위트 있고, 유머 감각이 넘치면서도 아이들에게 본이 될 수 있는 그런 친구 같은 어른이 되어야겠다.

그리고 얼마 전
처음 고등부 교사를 하며 만났던 아이에게 한동대에 합격했다는 연락을 받았다.
내게 받은 사랑이 고맙다며 자기도 나처럼 값없이 사랑을 주는 사람이 되고 싶다던 아이였다.
내 자식처럼 가슴이 벅차올랐다.

일주일에 한 번 만나는 길지 않은 그 시간 속에도 아이들은 진실한 사랑을 느낀다.
그 작은 사랑을 전하는 자로 하나님은 이미 나를 쓰고 계셨던 거다.
교회학교 교사는 정말 멋진 사역이다.

신앙의 여정

남편 직장 때문에 이사를 자주 했다.
이번에 부산으로 이사하면서 수영로 교회를 다니게 되었다. 이사 오기 전 다니던 교회에서 고등부 교사로 섬기며 거의 10년 만에 사역을 다시 하게 되었다.
어렵게 다시 시작된 사역을 멈추고 싶지 않았다.
그런데 수영로 교회는 사역하려면 새가족 교육과 함께 8주간의 필수 양육이 꼭 필요하다고 해서 하고 있었다.

탕자에 관한 내용을 배우는 날이었다.
신약성경에 나오는 워낙 유명한 이야기고 지금까지 교회를 다니면서 못해도 50번은 넘게 들었던 것 같다.
둘째 아들이 살아 있는 아버지에게 유산을 물려 달라고 했다. 그 시대에 유산을 물려 달라는 얘기는 살아 있는 아버지를 죽었다고 생각하고 연을 끊는다는 의미였다.

받은 돈을 가지고 먼 나라에 가서 허랑방탕하게 쓰고 굶어 죽게 되어 다시 아버지에게로 돌아왔고 아버지는 그런 아들을 다시 받아 주었다는 뭐 그런 얘기.
그 배은망덕한 아들을 가리켜 탕자라고 한다.

그런데 이번엔 지금까지 들었던 얘기보다 훨씬 더 깊이 있게 자세히 배우게 되었다.
들으면 들을수록 탕자의 만행에 화가 치밀어 올랐다.
혼자 속으로 씩씩대며 계속 생각했다.
'이거 완전 개쓰레기네.'

강의가 끝나고 늘 그랬던 것처럼 한 주간 뭐 했는지 오늘 목사님 말씀에서 뭐가 들렸는지 리더 집사님이 물어보셨다.
이제 교회를 막 다니기 시작한 한 성도님은 4일 내내 술을 먹어 아무 말씀도 들리지 않았단다.
나는 탕자가 개쓰레기라는 생각밖에 안 든다고 말했다.
우리 두 사람의 말에 당황하는 듯한 리더 집사님과 옆에서 박장대소를 하는 나이 지긋하신 성도님.
그리고 그 와중에도 은혜받으셔서 표정이 온화하신 또 다른 성도님까지.
혼돈의 카오스가 따로 없었다.

집에 돌아와 저녁에 친한 친구와 카톡을 했다.
자기 주변에 진짜 교회 생활 열심히 하는 믿음 좋은 집사님이 있는데 그분을 보면 나와 비슷하다고 한다.
다른 점이 딱 하나 있다면 그분은 화가 없고 말도 안 되는 것들을 다 이해한다고 한다.
그러면서 내게는 화가 많다며.
차마 부인할 수가 없었다.

하나님을 만나면 천지개벽할 정도로 변화되는 사람들이 있다고 한다. 그런데 20년을 넘게 신앙생활을 했지만 내게 그런 일은 일어나지 않았다. 다만 조금씩 조금씩 나를 더 나은 사람이 되었으면 좋겠다고 생각하게 만들어 주었다.
그렇게 걸어온 신앙의 여정이 지금의 나를 만들었을 것이다.

아직까진 화를 다스리지 못하고 느끼는 감정을 입 밖으로 표출을 하고야 마는 미숙한 신앙인이다.
하지만 포기하지 않고 매일매일 하나님께 나아간다면 내일은 오늘보다 조금이라도 더 나은 모습으로 살아갈 것이라 믿는다. 그러면 언젠가는 하나님께 부끄럽지 않은 자녀가 될 수 있을 것이다.
……
……

부끄러운 자녀면 또 어때!

그래도 그냥 살면 되지.

내 주님과 함께!

나의 신앙의 여정은 아직 끝나지 않았다.

에필로그
― 전하지 못한 말

"연아, 아빠 죽어도 울지 마."
"아빠가 죽긴 왜 죽어!"
온기라곤 찾아볼 수 없는 얼음장 같던 저 말이 내가 아빠에게 건넨 마지막 말이었어.
지금부터 우리의 이야기를 들려줄게.

아빠는 오른쪽 팔이 없었어.
어릴 적 할머니를 따라간 방앗간에서 고추 빻는 기계에 오른쪽 팔을 넣었대. 그저 한쪽 팔이 없다 뿐이지 키 크고 잘생기고 예의 바른 진짜 멋진 사람이었어.
자신을 이상하게 보는 사람들의 시선에 아랑곳하지 않았지. 말끔하게 자신을 꾸밀 줄 알고 먹고 씻는 일상생활에 전혀 어려움이 없었어.
수십 년 운전하는 동안 사고 한 번 낸 적 없는 무사고 운전자이기도 했어. 한 손으로 운전을 얼마나 잘하는지 아마 보면 깜짝 놀랄걸.

하나밖에 없는 팔로 못하는 게 없었다니까.

어릴 적 우린 단짝이었어.
잘려 나간 뭉툭한 오른팔은 나만의 장난감이었어.
지겹도록 사리 곰탕만 끓여 먹은 건 아마도 내가 매운 걸 못 먹어서 그랬나 봐.
놀이기구 앞에 서서 행복에 겨운 함박웃음을 띤 촌스럽기 그지없는 내 사진을 찍어 준 것도 아빠였어.
달빛 반짝이는 어두컴컴한 밤에 갑작스레 외출하던 아빠의 뒤를 강아지처럼 졸졸 쫓아다녔더랬지.
빈틈없이 행복했어. 그때의 우린.

그런데 언젠가부터 아빠가 이상해졌어.
술만 먹으면 다른 사람이 되는 거야.
자상하던 모습은 온데간데없고 하루가 멀다 하고 술을 먹고 엄마랑 맨날 싸워.
소리 지르면 물건을 던지고 부수는 아빠와 그를 말리는 엄마, 이불 속에서 잠든 척하며 조용히 숨죽여 울고 있는 나.
너무너무 무서웠어.
쿵쾅거리는 내 심장 소리가 아빠에게 들릴까 봐 얼마나 떨었는지 몰라. 그런 아빠를 견디다 못해 엄마가 영영 떠나가던 날, 다시는 아빠를 보지 않으리라 굳게 다짐했어.

이제는 내게 아빠는 없다고 생각하며 살았어.

그러던 어느 날, 큰아버지께 연락이 왔어.

아빠가 많이 아프다며. 폐암이라고.

화가 났어.

그렇게 매일 술 먹고 담배를 피워 대니 병에 걸리는 게 당연하다 생각했어.

그래도 싸다고.

그때 난 암이 어떤 병인지 몰랐었고 그래서 죽을 수도 있다는 생각은 못했나 봐.

아빠는 혼자 생활할 수 없어서 결국 할머니 댁으로 갔어.

일주일에 한 번 아빠를 보러 가고 한 번씩 병원을 같이 가는 게 고작 내가 하는 전부였어.

그런데도 왜 그렇게 바빴는지 아니면 내 마음이 내키지 않았던 건지 그것조차도 버겁더라.

하루가 달리 야위어 갔지만 나를 보면 언제나 아이처럼 미소를 지었어. 하지만 오래전 닫혀 버린 내 마음은 그 미소마저도 차갑게 외면해 버렸지.

그날도 남자친구와 함께 있는데 아빠가 열이 나서 응급실을 가야 할 것 같단 연락을 받은 거야.
다급히 아빠를 데리고 응급실에 갔어.
응급처치를 한 뒤 일반 병실로 옮겨졌고 곁에서 밤을 새우고 있었어.
갑자기 힘겹게 나를 불러.
"연아, 아빠…죽어도…울지 마…."
안 그래도 피곤하고 불편해서 힘든데 이상한 소리까지 하잖아. 그래, 짜증이 나서 소리를 버럭 질렀지.
"아빠가 죽긴 왜 죽어!"
그리고 몇 시간 뒤 우린 더 이상 서로의 목소리를 영원히 들을 수 없게 되었어.

난 엄마도 없고, 언니도, 오빠도, 동생도 없는 외톨이잖아.
상주복을 입고 혼자 장례식장 구석에 웅크리고 앉아 있는데 빈소에 말도 안 되게 많은 사람이 오는 거야.
장애인협회 회장이었던 아빠의 마지막을 보러 많은 장애인분들이 오셨어.
다들 내 손을 붙잡고 말씀하셔.
너희 아빠 장애인들을 위해 힘쓰고 애써 주신 너무 좋으신 분이셨다고.
아빠의 친구들은 또 말씀하셔.
너희 아빠 친구들을 위해 간이고 쓸개고 다 빼 주는 좋은 사람이었다고.

몰랐었어.
아무것도 모르고 아빠는 나쁜 사람이라 단정 짓고 원망하며 살아온 지난날들이 휘몰아치듯 지나가는 거야.
눈앞이 보이지 않을 정도로 뜨거운 눈물이 멈추지 않고 흘러내렸어.
사람의 눈에서 눈물이 그렇게 많이 나올 수 있다는 걸 그때 처음 알았어.

난 우리 가정의 불행은 온전히 아빠 때문이라 생각했어.
친구들 보증 서고 돈 안 되는 장애인협회 회장 같은 거나 해서 엄마와의 사이가 좋지 않은 줄 알았지.

그런데 있잖아.
용서받지 못할 엄마의 잘못이 있었어.
그리고 엄마보다 더한 나의 잘못이 있었고.

아빠가 남들과 다르다는 것을 알았을 때부터였을 거야.
혹여 누가 알게 될까 봐 그럼 친구들에게 놀림거리가 될까 봐 늘 두려웠어.
아빠 차를 타고 가면 친구들이 볼까 운동화 끈을 묶는 척 고개를 깊숙이 숙였어.
아무도 내 얼굴을 보지 못하게.

비가 오는 날 우산을 갖다주러 온 그를 못 본 척했어.
추적추적 내리는 비를 온몸으로 맞으며 뛰어갔어.
누가 쫓아오지도 않았는데 말이야.
학교를 데려다준다는 말에 혼자 가겠다며 거부하고 매몰차게 돌아서기도 많이 했지.
초등학교 졸업식 날은 아빠가 오는 게 너무 싫어서 아침부터 얼마나 짜증을 냈는지 몰라.
그런 내 마음을 눈치챈 아빠는 결국 오지 않았어.
그런데 그땐 아빠가 안 와서 정말 다행이라 생각했어.
진짜 못됐지. 나도 알아.
그리고 후회해. 그때의 나를.

끔찍이도 사랑했던 하나밖에 없는 딸에게 사랑한단 말 한마디 듣지 못한 채 모질고 냉정했던 마지막 말을 듣고 떠나 버린 우리 아빠.
그런 그의 인생이 너무 안쓰러워서 그렇게 보내 버린 나 자신이 너무 미워서 가슴을 치며 한참을 울었어.

우리의 마지막이었던 그날
아이처럼 털썩 주저앉아 세상이 무너진 듯 엉엉 울던
27살의 철부지 아가씨는 44살 두 아이의 엄마가 되었어.
오랜 시간이 흘렀지만 지금도 문뜩문뜩 쓸쓸히 홀로 걷던 아빠의 뒷모습이 생각나 가슴이 저려 와.

나같이 못된 딸 말고 착하고 좋은 딸을 만났어야 하는데 그랬다면 아빠 인생이 조금은 덜 외로웠을 텐데….

적막감만 감도는 차가운 병실에서 자신의 죽음을 직감하고 혼자 남게 될 딸을 바라보며 힘겹게 마지막 말을 꺼내던 그때로 돌아가고 싶어.

그럴 수만 있다면 오랜 시간 잡지 못했던 그의 하나뿐인 왼손을 있는 힘껏 꼭 잡고 한 번도 전하지 못했던 내 마음을 전할 거야.

미안하다고.
고마웠다고.
사랑한다고.

그래도 살면 돼

ⓒ 여니, 2025

초판 1쇄 발행 2025년 11월 25일

지은이	여니
펴낸이	이기봉
편집	좋은땅 편집팀
펴낸곳	도서출판 좋은땅
주소	서울특별시 마포구 양화로12길 26 지월드빌딩 (서교동 395-7)
전화	02)374-8616~7
팩스	02)374-8614
이메일	gworldbook@naver.com
홈페이지	www.g-world.co.kr

ISBN 979-11-388-5027-8 (03810)

- 가격은 뒤표지에 있습니다.
- 이 책은 저작권법에 의하여 보호를 받는 저작물이므로 무단 전재와 복제를 금합니다.
- 파본은 구입하신 서점에서 교환해 드립니다.